국가직무능력표준 National Competency Standards 수행준거별

능력단위

전표관리와

능력단위

결산관리

(회계원리)

차동준

도서출판 청람

머리말

이 책은 회계(회계 · 감사, 세무)분야에서 가장 기본이 되는 직무능력인 〈전표관리〉와 〈결산관리〉를 학습하도록 구성되었다. 사실 이 두 가지 직무능력단위의 많은 부분은 종전 〈회계원리〉라는 명칭으로 교육되어 왔다. 그러나 이러한 교육은 산업현장이 요구하는, 실무에 바로 투입 가능한 인재양성 교육(훈련)과는 많은 차이가 있었으며, 직업교육기관의 많은 교육들이 비슷한 문제점을 가지고 있었다. 따라서 순수학문 분야가 아닌 직업교육 분야에서는 불필요한 스펙위주의 교육을 배제할 필요성이 있다는 제안이 그동안 많이 있어 왔다.

'국가직무능력표준(NCS: National Competency Standards)'은 산업현장의 요구직무를 성공적으로 수행하기 위해 필요한 능력(지식 · 기술 · 태도)을 국가적 차원에서 표준화한 것이다. 회계(회계 · 감사, 세무) 직무에서도 산업현장에서 요구되는 능력단위와 능력단위요소가 정해지고 이를 학습하기 위한 수행준거도 정해졌다. 이것은 실무형 맞춤 인재를 양성하는 기준이 정해진 것으로서, 이제 NCS는 교육(훈련)을 통해 일자리나 자격제도 등과 상호 연결되어 인재 선발과 채용시 능력판단의 기준으로 활용되는 것을 피할 수 없게 되었다.

이 책은 이러한 사회 변화의 추세를 적극 반영하여 다음과 같은 사항에 역점을 두어 구성하였다.

1. NCS 분류체계 중 '회계 · 감사'와 '세무' 2개의 세분류에서 가장 기본이 되는 능력단위인 〈전표관리〉와 〈결산관리〉의 내용을 빠짐없이 반영하였다.
2. NCS가 요구하는 '평가지침'에 따라 직무능력을 평가하고, 학습자가 자신의 직무능력을 점검할 수 있도록 각 단원마다 '직무능력평가' 문제를 수록하였다.
3. '실무상식'을 통해 실무에서 일어나는 민감한 사항을 해결토록 했으며, '보충설명'을 통해 이해가 쉽지 않은 사항을 추가 설명하고, 중요한 사항을 강조하였다.

끝으로 이 책의 출간뿐만 아니라 다양한 NCS기반 실무능력 서적들의 출간을 위해 힘쓰고 있는 도서출판 청람의 이수영 사장님께 감사의 마음을 전한다.

저자
차동준

차 례

제3장 증빙서류 관리

Part 2 결산관리 능력단위

제1장 결산 분개

Part 01

전표관리 능력단위

전표관리 능력단위 정의: 전표관리란 회계상의 거래를 인식하고, 전표의 작성 및 이에 따른 증빙서류를 처리 및 관리하는 능력이다.

능력단위	능력단위요소	수행준거(학습목표)
전표관리	1. 회계상 거래 인식하기	1.1 회계상 거래를 인식하기 위하여 회계상 거래와 일상생활에서의 거래를 구분할 수 있다. 1.2 회계상 거래를 구성요소별로 파악하여 거래의 결합관계를 차변요소와 대변요소로 구분할 수 있다. 1.3 회계상 거래의 결합관계를 통해 거래 종류별로 구분하여 파악할 수 있다. 1.4 거래의 이중성에 따라서 기입된 내용의 분석을 통해 대차평균의 원리를 파악할 수 있다.
	2. 전표 작성하기	2.1 회계상 거래를 현금거래 유무에 따라 사용되는 입금전표, 출금전표, 대체전표로 구분할 수 있다. 2.2 현금의 수입거래를 파악하여 입금전표를 작성할 수 있다. 2.3 현금의 지출거래를 파악하여 출금전표를 작성할 수 있다. 2.4 현금의 수입과 지출이 없는 거래를 파악하여 대체전표를 작성할 수 있다.
	3. 증빙서류 관리하기	3.1 발생한 거래에 따라 필요한 관련서류 등을 확인하여 증빙여부를 검토할 수 있다. 3.2 발생한 거래에 따라 관련규정을 준수하여 증빙서류를 구분·대조할 수 있다. 3.3 증빙서류 관련규정에 따라 제 증빙자료를 관리할 수 있다.

Chapter 01

회계상 거래의 인식

∴ 회계상 거래 인식하기(능력단위요소)를 위해 필요한 지식, 기술, 태도

구분	필요사항
지식	• 회계상 거래와 일상생활에서의 거래를 구분하는 지식. • 교환거래, 손익거래, 혼합거래 • 거래의 이중성
기술	• 거래의 결합관계 구분능력 • 다양한 거래 유형에 대한 구분능력 • 거래를 장부에 기입·분석하는 능력
태도	• 거래를 신속하고 정확하게 구분하려는 태도 • 거래에 대한 정확한 판단력

1.1 **회계상 거래와 일상생활의 거래의 구분**

1.2 **거래요소의 결합관계**
- (1) 재무제표의 구성요소
- (2) 거래요소의 결합

1.3 **거래의 종류**
- (1) 교환거래
- (2) 손익거래
- (3) 혼합거래

1.4 **분개와 전기**
- (1) 거래의 이중성과 대차평균의 원리
- (2) 분개의 의의
- (3) 거래요소의 결합과 분개
- (4) 전기
- (5) 계정과목별 분개

능력단위요소	수행준거(학습목표)
1. 회계상 거래 인식하기	1.1 회계상 거래를 인식하기 위하여 회계상 거래와 일상생활에서의 거래를 구분할 수 있다. 1.2 회계상 거래를 구성요소별로 파악하여 거래의 결합관계를 차변요소와 대변요소로 구분할 수 있다. 1.3 회계상 거래의 결합관계를 통해 거래 종류별로 구분하여 파악할 수 있다. 1.4 거래의 이중성에 따라서 기입된 내용의 분석을 통해 대차평균의 원리를 파악할 수 있다.

1.1 회계상 거래와 일상생활의 거래의 구분

학습목표(수행준거)

회계상 거래를 인식하기 위하여 회계상 거래와 일상생활에서의 거래를 구분할 수 있다.

기업의 경영활동에 의하여 자산, 부채, 자본의 증감변화를 일으키는 모든 현상(경제적 사건)을 회계에서는 거래라 한다. 따라서 회계상의 거래와 일상생활에서 사용되는 거래는 많은 것이 일치하지만 일치하지 않는 경우도 있다.

회계상 거래와 일상생활 거래

<table>
<tr><th colspan="2">회계상의 거래</th><th></th></tr>
<tr><td>화재, 분실, 도난, 파손, 감가, 대손, 각종 원인에 의한 자산가격의 감소 등</td><td>상품을 비롯한 자산의 구입과 판매, 채권·채무의 발생과 소멸, 금전의 수입과 지출, 비용의 지급, 수익의 수입 등</td><td>주문, 의뢰, 보관, 약속, 계약, 위탁, 담보제공 등으로서 재무상태에 변동을 주지 않는 구두 또는 서면으로 이루어지는 경제적 사건</td></tr>
<tr><td></td><th colspan="2">일상생활의 거래</th></tr>
</table>

보충설명 ○ 주요 회계용어

① **회계**: 회계는 기업의 이해관계자들이 합리적인 판단이나 의사결정을 할 수 있도록 유용한 경제적 정보를 식별 · 측정 · 전달하는 과정이다. 즉, 부기에 의해 기술적으로 정리 · 요약된 회계정보를 전달하는 과정으로서 부기를 포함하는 넓은 개념이다. 회계정보이용자의 합리적인 의사결정을 위해 유용한 회계정보를 제공하고자 하는 재무회계의 목적은 재무제표를 작성함으로써 달성된다.

② **재무제표**: 한국채택국제회계기준 1001호에 의하면 재무제표는 재무상태표, 포괄손익계산서, 현금흐름표, 자본변동표, 주석을 포함한다고 되어 있다.

③ **부기**: 부기는 "장부에 기록한다"를 줄인 말로서, 기업이 소유하고 있는 현금, 상품, 채권 등과 채무의 증감변화를 일정한 원리원칙에 따라 체계적으로 기록 · 계산 · 정리하는 방법을 말한다.

④ **회계단위**: 현금 · 물품 · 채권 · 채무 등의 증감변화나 그 원인을 기록 · 계산하기 위한 기록 · 계산의 장소적 범위를 회계단위라 하며, 한 기업의 회계단위는 하나인 것이 원칙이나 한 기업이 본점과 지점, 본사와 공장으로 구분되어 있는 경우에는 각각을 독립된 회계단위로 할 수도 있다.

⑤ **회계기간(회계연도)**: 기업의 경영성과와 재무상태를 파악하기 위하여 기업이 인위적으로 6개월 또는 1년 등으로 구분한 기간을 회계연도 또는 회계기간이라 한다. 회계기간은 원칙적으로 1년을 초과할 수 없다.

⑥ **기초와 기말**: 회계기간(연도)이 시작되는 시점을 기초라 하고, 끝나는 시점을 기말이라 한다.

⑦ **당기, 전기, 차기**: 당회계기간을 줄인 말을 당기, 전회계기간을 줄인 말을 전기, 차(다음)회계기간을 줄인 말을 차기라 한다.

전 기	당기(당회계연도)	차 기

1.1 당기초　　12.31 당기말

⑧ **계정**: 자산, 부채, 자본의 증감변화 및 수익, 비용의 발생을 같은 성질의 항목별로 나누어 기록 · 계산 · 정리하기 위하여 설정된 계산단위를 계정이라 한다.

⑨ **계정과목**: 현금, 상품, 외상매출금과 같이 계정에 붙이는 명칭을 말한다.

⑩ **계정계좌**: 계정기록의 장소를 말한다.

⑪ **차변과 대변**: 계정계좌는 좌우 2개의 장소로 구분되어 있으며, 왼쪽은 차변(Debt: Dr), 오른쪽은 대변(Credit: Cr)이라 한다.

1.2 거래요소의 결합관계

학습목표(수행준거)

회계상 거래를 구성요소별로 파악하여 거래의 결합관계를 차변요소와 대변요소로 구분할 수 있다.

(1) 재무제표의 구성요소

1) 재무상태표 구성요소

① 자산

기업이 소유하고 있는 경제적 자원인 현금, 상품, 건물 등의 재화와 매출채권(외상매출금, 받을어음), 대여금 등의 채권을 자산이라 한다.

<table>
<tr><th colspan="2">분류</th><th colspan="2">계정과목</th><th>내용</th></tr>
<tr><td rowspan="15">유동
자산</td><td rowspan="9">당좌자산</td><td colspan="2">현금및현금성자산</td><td>• 현금: 통화, 통화대용증권
• 현금성자산: 3개월 내 현금화 가능물</td></tr>
<tr><td colspan="2">단기금융상품</td><td>만기 3개월 초과 1년 이내 도래하는 금융상품</td></tr>
<tr><td colspan="2">단기매매증권</td><td>단기 보유목적의 시장성 있는 주식·채권 등</td></tr>
<tr><td colspan="2">단기대여금</td><td>1년 이내 회수조건으로 대여한 금전</td></tr>
<tr><td colspan="2">매출채권</td><td>일반적 상거래에서 발생한 외상매출금과 받을어음</td></tr>
<tr><td colspan="2">선급비용</td><td>현금으로 지급한 비용 중 차기 이후에 속하는 비용</td></tr>
<tr><td rowspan="3">기타</td><td>미수금</td><td>일반적 상거래 이외에서 발생한 미수채권</td></tr>
<tr><td>미수수익</td><td>발생(실현)하였으나 받지 못한 수익</td></tr>
<tr><td>선급금</td><td>일반적 상거래에서 미리 지급한 금전</td></tr>
<tr><td rowspan="6">재고자산</td><td colspan="2">상품</td><td>판매를 목적으로 외부에서 구입한 재화</td></tr>
<tr><td colspan="2">제품</td><td>판매를 목적으로 기업 내에서 제조한 재화</td></tr>
<tr><td colspan="2">반제품</td><td>모든 생산공정(과정)을 거치지는 않았지만, 그대로 저장과 판매가 가능한 중간제품</td></tr>
<tr><td colspan="2">재공품</td><td>생산공정(과정)에 있는 재화</td></tr>
<tr><td colspan="2">원재료</td><td>생산공정(과정)에 사용될 재화</td></tr>
<tr><td colspan="2">저장품</td><td>소모성 자산(소모품, 소모공구기구비품)으로 미사용 재화</td></tr>
<tr><td rowspan="13">비유동
자산</td><td rowspan="6">투자자산</td><td colspan="2">투자부동산</td><td>투자목적으로 소유하고 있는 건물, 토지 등</td></tr>
<tr><td colspan="2">만기보유증권</td><td>만기까지 보유할 채권</td></tr>
<tr><td colspan="2">매도가능증권</td><td>단기매매증권·만기보유증권·지분법적용투자주식에 해당하지 않는 주식과 채권</td></tr>
<tr><td colspan="2">지분법적용투자주식
(관계기업투자)</td><td>피자투자회사의 지분율을 20% 이상 보유한 주식</td></tr>
<tr><td colspan="2">장기대여금</td><td>1년 초과의 회수조건으로 대여한 금전</td></tr>
<tr><td colspan="2">장기금융상품</td><td>만기일이 1년 이후에 도래하는 금융상품</td></tr>
<tr><td rowspan="7">유형자산</td><td colspan="2">토지</td><td>영업(생산)활동에 사용하는 토지</td></tr>
<tr><td rowspan="2">설비
자산</td><td>건물</td><td>영업(생산)활동에 사용하는 건축물</td></tr>
<tr><td>기계장치</td><td>영업(생산)활동에 사용하는 기계와 부속설비</td></tr>
<tr><td colspan="2">비품</td><td>영업(생산)활동에 사용하는 컴퓨터, 가구, 복사기 등</td></tr>
<tr><td colspan="2">차량운반구</td><td>영업(생산)활동에 사용하는 차량과 운반구</td></tr>
<tr><td colspan="2">건설중인자산</td><td>취득이 완료되지 않은 유형자산의 건설 또는 구입을 위해 지출된 금전</td></tr>
</table>

분류		계정과목	내용
비유동자산	무형자산	영업권	합병 등을 통하여 유상으로 취득한 무형의 권리
		산업재산권	특허권, 실용신안권, 상표권 등의 법률적 권리
		개발비	특정의 신제품 또는 신기술 개발을 위한 비용
		기타무형자산	라이선스, 프랜차이즈, 저작권, 컴퓨터소프트웨어, 임차권리금, 광업권, 어업권 등
	기타 비유동자산	이연법인세자산	차기 이후에 납부할 법인세를 미리 납부함으로써 차기 이후에 법인세를 적게 납부해도 될 금액
		기타	임차보증금, 장기선급비용, 장기선급금, 장기매출채권, 장기미수금 등

② 부채

기업이 장래에 일정한 금액을 갚아야 할 매입채무, 차입금 등을 부채라 한다. 부채는 기업의 청산시 채권자청구권이다.

분류	계정과목		내용
유동부채	단기차입금		1년 이내에 상환될 단기차입금
	매입채무		일반적 상거래에서 발생한 외상매입금과 지급어음
	미지급법인세		당기에 납부해야 할 법인세로서 미지급분
	미지급비용		발생하였으나 지급하지 않은 비용
	기타	선수수익	현금으로 받은 수익 중 차기 이후에 속하는 수익
		선수금	일반적 상거래에서 미리 받은 금전
		미지급금	일반적 상거래 이외에서 발생한 미지급채무
		예수금	일반적 상거래 이외에서 잠시 맡아둔 금전
비유동부채	사채		1년 이후에 상환기일이 도래하는 회사채 금액
	신주인수권부사채		사채권자에게 신주인수권을 부여한 사채
	전환사채		사채권자가 주식전환을 요구할 수 있는 사채
	장기차입금		1년 이후에 상환되는 차입금
	퇴직급여충당부채		임직원 퇴직시 지급할 퇴직금 예상금액
	장기제품보증충당부채		장래 무상보증수리를 행하는 과정에서 예상되는 지출금액
	이연법인세부채		당기에 법인세 납부를 유보시켜 차기 이후에 법인세를 납부해야 하는 금액
	기타		장기매입채무 등

③ 자본

기업이 소유하고 있는 자산총액에서 장래에 지급해야 할 부채총액을 차감한 잔액(순자산)을 자본이라 한다. 자본은 기업의 청산시 소유주(주주)청구권이다.

분류		계정과목	내용
납입자본	자본금	보통주자본금	회사가 발행한 보통주식의 총액면가
		우선주자본금	회사가 발행한 우선주식의 총액면가
	자본잉여금	주식발행초과금	회사가 발행한 액면가를 초과하여 들어온 금액
		감자차익	자본을 감소시킬 때 발생하는 이익
		자기주식처분이익	회사가 발행한 주식을 임시 취득후 처분시 발생하는 이익
기타자본요소	자본조정	자기주식	회사가 발행한 주식을 일시 취득한 경우 그 취득가액
		주식할인발행차금	주식발행시 액면가에 미달하는 금액
		주식매수선택권	임직원들이 회사 주식을 사전에 약정된 가격(행사가격)으로 일정 기간 내 일정수량을 매입할 수 있는 권리
		출자전환채무	채권자와 부채의 출자전환을 약속하였으나 즉시 이행되지 않는 경우, 전환으로 발행될 주식의 공정가액
		감자차손	자본을 감소시킬 때 발생하는 손실
		자기주식처분손실	자기주식을 처분할 때 발생하는 손실
		배당건설이자	개업전 주주에게 배당하는 금액
		미교부주식배당금	주식배당 결정시 자본금으로 대체되기 전의 처리항목
		신주청약증거금	공모설립시 주식 배정전 발기인 및 응모자가 납입한 금액
	기타포괄손익누계액	매도가능증권평가손익	매도가능증권의 결산시 평가손익
		해외사업환산손익	독립적으로 운영되는 해외지점 등에 대한 외화재무제표 환산손익
		현금흐름위험회피 파생상품평가손익	미래 현금흐름 변동위험을 감소시키기 위하여 지정된 파생상품 평가손익
		재평가잉여금	유형자산 등을 공정가치로 평가하였을 때 발생하는 이익
이익잉여금	법정적립금	이익준비금	상법에 의해 금전(현금)배당액의 10% 이상을 적립한 금액
		기타법정적립금	상법 이외의 법에 의한 적립금
	임의적립금		회사 임의의 목적에 의해 적립된 금액
	미처분이익잉여금		전기이월잉여금±회계변경의 누적효과±중대한 전기오류수정손익±당기순손익－중간배당

④ 자산과 부채의 차감적 평가계정

자산과 부채의 실제 가치를 표시하기 위하여 재무상태표의 해당 계정(과목) 아래에 차감하는 형식으로 표시하는 계정(과목)을 말한다.

예) 감가상각누계액(유형자산의 차감적 평가계정), 대손충당금(매출채권의 차감적 평가계정), 사채할인발행차금(사채의 차감적 평가계정) 등

⑤ 재무상태표

일정시점에 있어서 기업의 재무상태를 표시한 일람표를 재무상태표(대차대조표)라 한다. 재무상태표는 왼쪽에 자산, 오른쪽에 부채와 자본을 기록하여 왼쪽과 오른쪽을 일치시킨다.

재무상태표등식	자산=부채+자본
자본등식	자산−부채=자본

재무상태표

회사명: 서울상사 201×년 12월 31일 (단위: 원)

과목	금액	과목	금액
현금및현금성자산	2,000	매입채무	3,000
매출채권	5,000	자본금	7,000
상　　품	3,000		
	10,000		10,000

보충설명

- **기초자본과 기말자본**

  기말자본=기초자본+추가출자−인출금+당기순이익−당기순손실

- **재무상태표등식 응용**

  기말자산=기말부채+기초자본+추가출자−인출금+당기순이익−당기순손실

예제

인천상사의 재무상태가 다음과 같을 때, 재무상태표를 작성하고, 자본금을 계산하시오.

현금및현금성자산	700원	단기금융상품	1,300원
외상매출금	1,400원	상품	2,100원
건물	1,000원	비품	600원
기 계 장 치	900원	외 상 매 입 금	600원
단기차입금	700원	미 지 급 금	400원
장기차입금	300원		

| 풀이 |

재무상태표

현금및현금성자산	700	외상매입금	600
단기금융상품	1,300	단기차입금	700
외상매출금	1,400	미 지 급 금	400
상품	2,100	장기차입금	300
건물	1,000	자본금	(6,000)
비품	600		
기계장치	900		
	8,000		8,000

직무능력평가 1-1

수원상사의 재무상태가 다음과 같을 때, 재무상태표를 작성하고, 자본금을 계산하시오.

현금및현금성자산	1,750원	단기매매증권	1,300원
매 출 채 권	900원	단 기 대 여 금	830원
상품	760원	건물	2,400원
비품	700원	매입채무	1,030원
단기차입금	890원	미지급금	420원
사채	1,300원		

| 풀이 |

재무상태표

2) 손익계산서 구성요소

① 수익

상품매출이익, 임대료, 이자수익 등과 같이 자본의 출자 및 증자 등 자본거래에 의하지 않고, 손익거래(생산, 판매, 용역의 제공)에 의하여 자본의 증가를 가져오는 것을 수익이라 한다.

<table>
<tr><th colspan="2">분류</th><th>계정과목</th><th>내용</th></tr>
<tr><td rowspan="9">수익</td><td rowspan="2">영업수익</td><td>상품매출이익</td><td>상품을 원가 이상으로 매출하였을 때 발생하는 이익금액</td></tr>
<tr><td>매출</td><td>상품을 분할상품계정(3분법 이상)에 의해 처리할 경우, 상품의 판매금액</td></tr>
<tr><td rowspan="7">영업외수익(기타수익)</td><td>이자수익</td><td>금융상품(예금), 대여금, 채권에서 발생하여 받는 이자</td></tr>
<tr><td>배당금수익</td><td>주식 등의 투자로 인한 이익분배를 현금으로 받는 경우 그 금액</td></tr>
<tr><td>임대료</td><td>부동산 등을 빌려주고 그 대가로 받는 금액</td></tr>
<tr><td>수수료수익</td><td>용역(서비스)의 제공으로 받는 수수료 금액</td></tr>
<tr><td>단기매매증권처분이익</td><td>단기 투자목적의 시장성 있는 유가증권을 장부가 이상으로 처분하였을 때 발생하는 이익금액</td></tr>
<tr><td>단기매매증권평가이익</td><td>결산일에 단기투자 목적의 시장성 있는 유가증권의 공정가가 장부가보다 클 경우 그 차이에 해당하는 금액</td></tr>
<tr><td>외환차익</td><td>외화표시 채권·채무의 발생시점(또는 기평가시점)과 회수 또는 상환시점의 환율이 달라 발생하는 이익금액</td></tr>
</table>

수익	영업외 수익 (기타 수익)	외화환산이익	화폐성 외화자산 및 부채의 장부상 기평가액과 변동된 현행 환율에 의한 재평가액과 차이가 이익인 경우 그 금액
		지분법이익	지분법적용투자주식과 관련된 피투자회사의 당기순이익 중 소유지분에 해당하는 부분의 금액
		만기보유증권 손상차손환입	만기보유증권손상차손(감액손실) 회복이 채무자의 신용등급 회복 등으로 객관적으로 인정되는 경우 그 회복된 금액
		투자자산 처분이익	투자자산을 장부가 이상으로 처분하였을 때 발생하는 이익 금액
		유형자산 처분이익	유형자산을 장부가 이상으로 처분하였을 때 발생하는 이익 금액
		사채상환이익	사채의 조기상환시 사채의 상환가보다 장부가가 많은 경우 그 금액
		전기오류 수정이익	당기 이전에 발생한 수익 또는 비용이 잘못 기록된 것으로 판명되어 이를 당기에 수정하면서 발생한 이익금액(단, 중대한 오류가 아닐 것)
		수수료수익	용역(서비스)의 제공으로 받는 수수료 금액
		잡이익	영업활동 이외에서 발생하는 이익으로 그 금액이 적은 경우 그 금액
		자산수증이익	자본보전 등을 위하여 주주 등이 무상으로 불입한 금액
		채무면제이익	자본보전 등을 위하여 주주 등에 의해 채무를 면제받은 금액
		보험차익	보험피해 금액보다 보상받은 금액이 큰 경우 그 큰 금액

② 비용

급여, 임차료, 보험료, 전력비, 세금과공과 등과 같이 자본의 인출 등 자본거래에 의하지 않고 자본의 감소를 가져오는 것을 비용이라 한다.

<table>
<tr><th>분류</th><th colspan="3">계정과목</th><th>내용</th></tr>
<tr><td rowspan="26">비용</td><td colspan="3">상품매출손실</td><td>상품을 원가 이하로 매출하였을 때 발생하는 손실금액</td></tr>
<tr><td colspan="3">매출원가</td><td>상품을 분할상품계정(3분법 이상)에 의해 처리할 경우 상품의 매출액에 대응하는 원가금액</td></tr>
<tr><td rowspan="24">판매비와 관리비</td><td rowspan="2">물류 원가</td><td>운반비</td><td>상품 매출시 발송비 등으로 지급하는 금액</td></tr>
<tr><td>보관료</td><td>상품 등의 보관을 위하여 지급되는 금액</td></tr>
<tr><td colspan="2">급여</td><td>임・직원에게 근로의 대가로 지급하는 금액(봉급・상여금・수당)</td></tr>
<tr><td colspan="2">퇴직급여</td><td>1년 이상 근무한 임・직원이 퇴직할 때 지급하는 금액</td></tr>
<tr><td colspan="2">명예퇴직금</td><td>조기퇴직의 대가로 지급하는 인센티브</td></tr>
<tr><td colspan="2">복리후생비</td><td>급여 이외의 임・직원의 후생을 위해 지급하는 금액(식당운영비, 체육비, 경조사비 등)</td></tr>
<tr><td colspan="2">임차료</td><td>부동산 등을 빌려쓰고 그 대가로 지급하는 금액</td></tr>
<tr><td colspan="2">접 대 비</td><td>사업상 지출되는 교제비 금액</td></tr>
<tr><td colspan="2">감가상각비</td><td>유형자산의 가치감소를 인위적으로 측정한 금액</td></tr>
<tr><td colspan="2">무형자산 상각비</td><td>무형자산의 가치감소를 인위적으로 측정한 금액</td></tr>
<tr><td colspan="2">세금과공과</td><td>국가, 지방자치단체의 세금과 사업상 관련단체의 회비로 지급하는 금액</td></tr>
<tr><td colspan="2">광고선전비</td><td>상품판매를 촉진하기 위해 TV, 신문 등의 매체에게 지급하는 금액</td></tr>
<tr><td colspan="2">연구비</td><td>연구단계에서 지출한 금액</td></tr>
<tr><td colspan="2">경상개발비</td><td>개발단계에서 지출한 금액 중 무형자산(개발비) 조건을 충족하지 못한 금액</td></tr>
<tr><td colspan="2">대손상각비</td><td>매출채권에 대한 대손추산액 또는 회수불능 매출채권에 대한 대손충당금 부족액</td></tr>
<tr><td colspan="2">여비교통비</td><td>버스요금, 택시요금, 시내출장비 등으로 지급하는 금액</td></tr>
<tr><td colspan="2">통신비</td><td>전화, 우편 등의 이용으로 지급하는 금액</td></tr>
<tr><td colspan="2">수도광열비</td><td>수도, 전기, 가스 등의 사용으로 지급하는 금액</td></tr>
<tr><td colspan="2">보험료</td><td>각종 보험료로 지급하는 금액</td></tr>
<tr><td colspan="2">수선비</td><td>건물, 차량운반구, 기계장치 등의 수리비로 지급하는 금액</td></tr>
<tr><td colspan="2">차량유지비</td><td>영업용 차량의 유류대금 등을 지급한 금액</td></tr>
<tr><td colspan="2">수수료비용</td><td>용역(서비스)을 제공받고 지급한 수수료 금액</td></tr>
<tr><td colspan="2">소모품비</td><td>사무용 장부, 볼펜, 복사지 등 문구용품을 구입하고 지급한 금액</td></tr>
<tr><td colspan="2">잡비</td><td>신문료, 잡지료, 회의비 등 소액으로 지급하는 금액</td></tr>
</table>

비용	영업외 비용 특별손실	이자비용 (금융원가)	타인의 자본을 이용한 대가로 지급하는 금액
		기타의 대손상각비	매출채권 이외의 채권인 대여금, 미수금, 미수수익, 선급금 등에 대한 대손추산액 또는 회수불능액 중 대손충당금 부족액
		단기매매증권 처분손실	단기 투자목적의 시장성 있는 유가증권을 장부가 이하로 처분하였을 때 발생하는 손실금액
		단기매매증권 평가손실	결산일에 단기 투자목적의 시장성 있는 유가증권의 공정가가 장부가보다 적을 경우 그 차이에 해당하는 금액
		재고자산 감모손실	재고자산의 장부수량보다 실제수량이 적은 경우 이 차이에 해당하는 금액
		외환차손	외화표시 채권・채무의 발생시점(또는 기평가시점)과 회수 또는 상환시점의 환율이 달라 발생하는 손실금액
		외화환산손실	화폐성 외화자산 및 부채의 장부상 기평가액과 변동된 현행환율에 의한 재평가액과 차이가 손실인 경우 그 금액
		기부금	아무런 대가없이 기증하는 금전 및 물품의 금액
		지분법손실	지분법 적용대상 피투사회사의 당기순손실 중 소유지분에 해당하는 부분의 금액
		만기보유증권 손상차손	만기보유증권의 공정가치가 하락하여 회복가능성이 없는 경우 공정가치와 장부가액의 차이에 해당하는 금액
		투자자산 처분손실	투자자산을 장부가 이하로 처분하였을 때 발생하는 손실금액
		유형자산 처분손실	유형자산을 장부가 이하로 처분하였을 때 발생하는 손실금액
		사채상환손실	사채의 조기상환시 사채의 상환가보다 장부가가 적은 경우 그 금액
		전기오류 수정손실	당기 이전에 발생한 수익 또는 비용이 잘못 기록된 것으로 판명되어 이를 당기에 수정하면서 발생한 손실금액 (단, 중대한 오류가 아닐 것)
		잡손실	영업활동과 관계없이 발생하는 소액의 손실금액
		재해손실	천재지변이나 도난 등으로 입은 손실금액
	법인세비용		기업이 벌어들인 소득에 부과하는 세금

③ 당기순손익의 계산

기업의 경영성과인 순손익의 계산방법에는 자본유지접근법(재산법)과 거래접근법(손익법)이 있다. 자본유지접근법(재산법)은 기초자본과 기말자본을 비교하여 당기손익을 계산하는 방법이다. 기말자본이 기초자본보다 많으면 당기순이익이 발생하고, 기말자본이 기초자본보다 적으면 당기순손실이 발생한다. 거래접근법(손익법)은 회계기간 중 발생한 총수익과 총비용을 비교하여 당기순손익을 계산하는 방법이다. 총수익이 총비용보다 많으면 당기순이익이 발생하고, 총수익이 총비용보다 적으면 당기순손실이 발생한다.

> 자본유지접근법(재산법): 기말자본－기초자본＝당기순손익
> 거래접근법(손익법) : 총수익－총비용＝당기순손익

구분	자료	당기순손익 계산
자본유지접근법(재산법)	기말자본 500원, 기초자본 300원	기말자본 500원－기초자본 300원＝순이익 200원
	기말자본 500원, 기초자본 600원	기말자본 500원－기초자본 600원＝순손실 100원
거래접근법(손익법)	총수익 340원, 총비용 100원	총수익 340원－총비용 100원＝순이익 240원
	총수익 340원, 총비용 460원	총수익 340원－총비용 460원＝순손실 120원

④ 손익계산서와 포괄손익계산서

일정기간에 발생한 수익과 비용을 비교하여 기업의 경영성과를 나타내는 일람표를 손익계산서라 한다. 손익계산서는 왼쪽에는 비용항목을 기록하고 오른쪽에는 수익항목을 기록한 후, 그 차액을 당기순이익 또는 당기순손실로 기록한다. 일반기업회계기준은 재무제표의 하나로 손익계산서를 요구하고 있다. 그러나 한국채택국제회계기준은 손익계산서에 기타포괄손익이 가감된 포괄손익계산서를 재무제표로 규정하고 있다.

손익계산서

회사명: 인천상사 201×.1.1~12.31 (단위: 원)

과목	금액	과목	금액
급여	2,000	상품매출이익	10,000
임차료	5,000	이자수익	3,000
세금과공과	4,000		
당기순이익	2,000		
	13,000		13,000

손익계산서

회사명: 인천상사 201×.1.1~12.31 (단위: 원)

과목	금액	과목	금액
급여	4,000	상품매출이익	4,000
임차료	2,000	이자수익	3,000
세금과공과	2,000	당기순손실	2,000
이자비용	1,000		
	9,000		9,000

보충설명

• 한국채택국제회계기준과 일반기업회계기준

한국채택국제회계기준(Korea－International Financial Reporting Standards: K－IFRS)은 주권상장법인과 한국채택국제회계기준을 선택한 기업에게 적용한다. 그 밖의 기업은 일반기업회계기준(Korea－Generally Accepted Accounting Principles: K－GAAP)을 적용한다.

• 총포괄손익계산

① (총수익－총비용)＝당기순이익
② 당기순이익＋기타포괄이익－기타포괄손실＝총포괄손익

예제

다음 자료에 의하여 당기순손익을 계산하시오.

급여	3,200원	복리후생비	300원
임차료	1,500원	세금과공과	600원
광고선전비	400원	상품매출이익	5,800원
이자수익	300원	임대료	1,000원
단기매매증권처분이익	200원		

| 풀이 |

손익계산서

급여	3,200	상품매출이익	5,800
복리후생비	300	이자수익	300
임차료	1,500	임대료	1,000
세금과공과	600	단기매매증권처분이익	200
광고선전비	400		
당기순이익	1,300		
	7,300		7,300

직무능력평가 1-2

1. 다음 자료에 의해 순손익을 계산하시오.

구분	자료
자본유지접근법 (재산법)	기말자본 700원, 기초자본 400원
	기말자본 300원, 기초자본 550원
거래접근법 (손익법)	총수익 680원, 총비용 500원
	총수익 400원, 총비용 630원

| 풀이 |

구분	당기순손익 계산
자본유지접근법 (재산법)	
거래접근법 (손익법)	

2. 다음 자료에 의하여 손익계산서를 작성하고, 당기순손익을 계산하시오.

급여	3,700원	임차료	1,300원
세금과공과	530원	광고선전비	780원
이자비용	290원	상품매출이익	6,000원
이자수익	720원	임대료	340원
유형자산처분이익	470원		

| 풀이 |

손익계산서

3. 다음 자료에 의하여 손익계산서를 작성하고, 당기순손익을 계산하시오.

급여	4,900원	임차료	1,200원
세금과공과	420원	광고선전비	870원
이자비용	180원	상품매출이익	5,780원
이자수익	640원	임대료	280원
단기매매증권처분손실	130원	유형자산처분이익	730원

| 풀이 |

손익계산서

(2) 거래요소의 결합

회계상의 거래는 재무제표의 구성요소의 증가와 감소로 구성된다. 즉, 자산의 증가와 감소, 부채의 증가와 감소, 자본의 증가와 감소, 수익의 발생과 비용의 발생이라는 8개의 요소로 구성되는데 이것을 거래의 8요소라 한다.

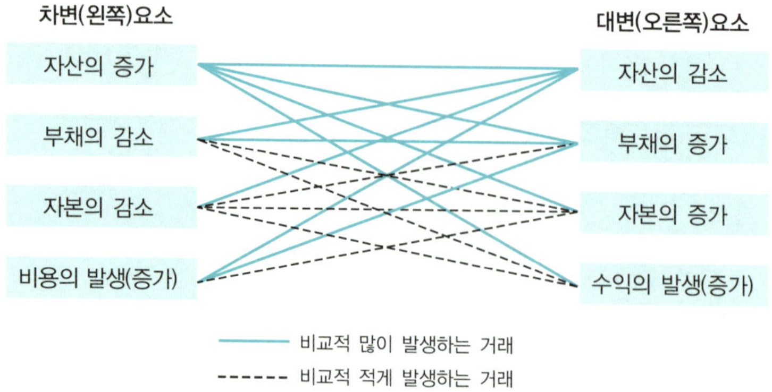

보충설명 ● 거래의 10요소

거래의 8요소는 재무상태표 구성요소인 자산, 부채, 자본은 증가와 감소가 모두 있다. 손익계산서 구성요소인 비용과 수익의 경우에는 증가(발생)만 있다. 그러나 사실 손익계산서 구성요소인 비용과 수익도 극히 예외적으로 감소가 있다. 예를 들면 당초 거래를 취소하거나 회계연도초에 재대체 분개를 하는 경우가 해당된다. 그러므로 엄밀한 의미로 거래요소는 10요소이다.

예제

거래요소의 결합관계를 표시하시오.

(1) 영업용 자동차를 300원의 현금을 주고 매입하다.
(2) 비품 100원을 외상으로 매입하다.
(3) 현금 500원을 단기금융상품에 투자하다.
(4) 현금 600원을 타인에게 대여하다.
(5) 현금 200원을 타인으로부터 차입하다.
(6) 상품매매를 중개하고 수수료 270원을 현금으로 받다.
(7) 종업원의 급여 130원을 현금으로 지급하다.
(8) 단기대여금에 대한 이자 80원을 현금으로 받다.
(9) 단기차입금에 대한 이자 10원을 현금으로 지급하다.
(10) 회사의 영업 확대로 현금 1,000원을 추가로 출자하다.

| 풀이 |

(1) (차) 자산의 증가 (대) 자산의 감소
(2) (차) 자산의 증가 (대) 부채의 증가
(3) (차) 자산의 증가 (대) 자산의 감소
(4) (차) 자산의 증가 (대) 자산의 감소

(5) (차) 자산의 증가 (대) 부채의 증가
(6) (차) 자산의 증가 (대) 수익의 발생
(7) (차) 비용의 발생 (대) 자산의 감소
(8) (차) 자산의 증가 (대) 수익의 발생
(9) (차) 비용의 발생 (대) 자산의 감소
(10) (차) 자산의 증가 (대) 자본의 증가

직무능력평가 1-3

다음 거래를 보고 거래요소의 결합관계를 표시하시오.

(1) 현금 2,000원을 출자하여 영업을 개시하다.
(2) 보험료 90원을 현금으로 지급하다.
(3) 비품 170원을 외상으로 매입하다.
(4) 종업원의 급여 140원을 현금으로 지급하다
(5) 단기대여금에 대한 이자 60원을 현금으로 받다.
(6) 현금 400원을 타인으로부터 차입하다.
(7) 기계장치 300원을 현금으로 매입하다.
(8) 현금 200원을 타인에게 대여하다.
(9) 위 (6)의 단기차입금을 현금으로 상환하다.
(10) 정보처리서비스를 제공하고 수수료 800원을 현금으로 받다..

| 풀이 |

구분	차변요소	대변요소
(1)		
(2)		
(3)		
(4)		
(5)		
(6)		
(7)		
(8)		
(9)		
(10)		

1.3 거래의 종류

학습목표(수행준거)

회계상 거래의 결합관계를 통해 거래의 종류별로 구분하여 파악할 수 있다.

(1) 교환거래

자산, 부채, 자본의 증감변화만 있는 거래이다.

| 거래내용 | 상품 1,700원을 매입하고, 대금은 현금으로 지급하다.

구분	차변	대변
거래요소	자산의 증가	자산의 감소
분개	상품 1,700원	현금 1,700원

(2) 손익거래

거래의 총액이 수익이나 비용의 발생으로 이루어진 거래이다.

| 거래내용 | 단기차입금에 대한 이자 800원을 현금으로 지급하다.

구분	차변	대변
거래요소	비용의 발생	자산의 감소
분개	이자비용 800원	현금 800원

(3) 혼합거래

거래의 일부 금액이 손익으로 발생하는 거래이다. 즉, 교환거래와 손익거래가 동시에 이루어지는 거래이다. 자산처분시 많이 발생한다.

| 거래내용 | 단기매매증권(장부가 1,200원)을 2,000원의 현금을 받고 처분하다.

구분	차변	대변
거래요소	자산의 증가	자산의 감소 수익의 발생
분개	현금 2,000원	단기매매증권 1,200원 단기매매증권처분이익 800원

직무능력평가 1-4

다음 거래를 분석하여 거래요소의 결합관계와 거래의 종류를 표시하시오.

(1) 거래은행에서 현금 5,000원을 차입하다.

(2) 급여 1,200원과 전화요금 300원을 현금으로 지급하다.

(3) 단기대여금에 대한 이자 700원을 현금으로 받다.

(4) 외상매입금 50,000원을 현금으로 지급하다.

(5) 단기매매증권(장부가 700원)을 500원의 현금을 받고 처분하다.

| 풀이 |

구분	거래요소의 결합관계		거래의 종류
	차변요소	대변요소	
(1)			
(2)			
(3)			
(4)			
(5)			

1.4 분개와 전기

학습목표(수행준거)

거래의 이중성에 따라서 기입된 내용의 분석을 통해 대차평균의 원리를 파악할 수 있다.

(1) 거래의 이중성과 대차평균의 원리

복식부기는 한 거래가 발생하면 반드시 차변과 대변에 같은 금액을 기록하는데, 이를 거래의 이중성이라 하고, 그 결과 계정 전체적으로 보면 차변금액의 합계와 대변금액의 합계가 반드시 일치하는데, 이를 대차평균의 원리라 한다.

(2) 분개의 의의

분개는 거래의 발생을 총계정원장 각 계정계좌에 기록하기 위한 준비단계이다. 즉, 분개는 ① 어떤 계정에 기록할 것인지를 결정하고, ② 거래요소의 결합관계에 의해 그 계정의 차변 또는 대변에, ③ 얼마의 금액을 기록할 것인가를 결정하는 것이다.

거래분석 ⟶ 계정과목 파악 ⟶ 차변 · 대변의 결정 ⟶ 금액의 결정

거 래	컴퓨터 700원을 현금을 주고 매입하다.			
분 개	(차) 비품	700	(대) 현금	700
거래요소 결합관계	(차) 자산(비품)의 증가	700	(대) 자산(현금)의 감소	700

(3) 거래요소의 결합과 분개

1) (차변) 자산증가 – (대변) 자산감소

① [자산취득-대금지급] 상품 7,200원을 구입하고 대금은 현금으로 지급하다.

(차) 상품	7,200	(대) 현금	7,200

② [자산취득-대금지급] 업무용 승용차를 취득하고 3,800원을 현금으로 지급하다.

(차) 차량운반구	3,800	(대) 현금	3,800

③ [자산취득-대금지급] 업무용 책상 2,000원을 구입하고 소지하고 있던 수표로 지급하고 운반비 300원을 현금으로 지급하다.

(차) 비품	2,300	(대) 현금	2,300

④ [자산투자-대금지급] 단기투자 목적으로 ㈜서울의 주식 10주를 수표를 발행하여 9,000원에 구입하고, 수수료 100원을 현금으로 지급하다.

(차) 단기매매증권	9,000	(대) 당좌예금	9,000
수수료비용	100	현금	100

⑤ [자산투자-대금지급] 현금 6,400원을 만기 8개월인 정기예금에 예금하다.

(차) 단기금융상품	6,400	(대) 현금	6,400

⑥ [채권발생-자산처분] 상품 8,300원을 매출하고 대금은 외상(나중에 받기)으로 하다.

(차) 외상매출금	8,300	(대) 상품	8,300

⑦ [채권발생-자산처분] 상품 2,900원을 판매하고 대금은 거래처 발행 어음으로 받다.

(차) 받을어음	2,900	(대) 상품	2,900

⑧ [채권발생-자산처분] 업무용 승용차 4,200원을 장부가(취득원가)로 매각하고 대금은 외상으로 하다.

(차) 미수금	4,200	(대) 차량운반구	4,200

⑨ [채권발생-자산처분] 업무용 기계 1,800원을 장부가(취득원가)로 매각하고 대금은 어음으로 받다.

(차) (어음)미수금	1,800	(대) 기계장치	1,800

⑩ [기타자산-대금지급] 상품 7,100원을 주문하고 계약금 300원을 당좌수표를 발행하여 지급하다.

(차) 선급금 300 (대) 당좌예금 300

⑪ [기타자산 – 대금지급] 현금 2,000원을 보증금으로 지급하고 사무실을 임차하다.

(차) 임차보증금 2,000 (대) 현금 2,000

⑫ [기타자산 – 대금지급] 신제품의 연구를 위한 비경상적 비용(자산요건 충족)으로 1,700원을 현금으로 지급하다.

(차) 개발비 1,700 (대) 현금 1,700

보충설명

• 자산 취득시 부대비용

자산 취득시 부대비용(수수료 등)은 단기매매증권과 손익인식금융자산은 별도 비용계정과목으로 처리하고, 단기매매증권과 손익인식금융자산을 제외한 자산은 해당 자산의 취득원가에 가산한다.

• 통화대용증권

기업이 다음의 통화대용증권을 받으면 차변에 현금, 지급하면 대변에 현금으로 분개한다.
타인발행수표, 자기앞수표, 가계수표, 송금수표, 우편환증서, 공 · 사채 만기이자표, 배당금수령증, 일람출급어음, 국고지급통지서, 대체저금환급통지서 등

• 당좌예금과 당좌차월

은행과 당좌거래를 맺고, 통화 및 통화대용증권을 당좌예금하면 당좌예금계정 차변에 기록하고, 당좌수표를 발행하여 당좌예금을 인출하면 당좌예금계정 대변에 기록한다. 또한 거래은행과 당좌차월계약을 맺으면 당좌예금계정의 잔액이 없어도 당좌차월(단기차입금)한도까지 수표를 발행할 수 있다. 이때, 당좌예금잔액을 초과하는 금액을 당좌차월이라 한다. 당좌차월은 재무제표에 표시할 때 단기차입금으로 표시한다.

• 외상매출금과 미수금

재고자산을 외상으로 팔(매출, 판매)면 '외상매출금'이라는 자산(채권)이 증가하고, 재고자산 이외의 자산을 외상으로 팔(매각, 처분)면 '미수금'이라는 자산(채권)이 증가한다.

• 받을어음과 (어음)미수금

재고자산을 팔(매출, 판매)고 어음을 받으면 '받을어음'이라는 자산(채권)이 증가하고, 재고자산 이외의 자산을 팔(매각,처분)고 어음을 받으면 '(어음)미수금'이라는 자산(채권)이 증가한다.

• 유형자산의 장부가

유형자산의 장부가는 취득원가에서 측정시점의 감가상각누계액을 차감한 금액이다. 따라서 처분시 분개는 해당 유형자산의 취득원가와 감가상각누계액을 제거하고 처분가와 장부가를 비교해서 처분가가 많으면 유형자자산처분이익, 처분가가 적으면 유형자산처분손실이 발생한다.

예) 장부가 800원(취득원가 1,000원 − 감가상각누계액 200원)인 건물을 현금 1,200원을 받고 처분하다.

(차) 현금	1,200	(대) 건물	1,000
감가상각누계액	200	유형자산처분이익	400

2) (차변) 자산증가 − (대변) 부채증가

① [자산취득 − 대금미지급] 상품 3,400원을 구입하고 대금은 외상으로(나중에 주기로) 하다.

(차) 상품	3,400	(대) 외상매입금	1,700

② [자산취득 − 어음발행지급] 상품 2,800원을 구입하고 대금은 약속어음을 발행하여 주다.

(차) 상품	2,800	(대) 지급어음	1,700

[자산취득 − 소지어음지급] 상품 4,500원을 구입하고 대금은 상품 매출시 받아두었던 소지어음으로 지급하다.

(차) 상품	4,500	(대) 받을어음	4,500

주의: 소지어음의 지급은 받을어음(자산)이 소멸한다.

③ [자산취득 − 대금미지급] 업무용 책상 7,600원을 구입하고 대금은 외상으로(나중에 주기로) 하다.

(차) 비품	7,600	(대) 미지급금	7,600

④ [자산취득 − 어음발행지급] 업무용 책상 5,300원을 구입하고 대금은 약속어음을 발행해 주다.

(차) 비품	5,300	(대) (어음)미지급금	5,300

⑤ [대금수입 − 계약금] 거래처에 상품을 판매(공급)하기로 약정(약속)하고 계약금으로 1,000원을 현금으로 받다.

(차) 현금	1,000	(대) 선수금	1,000

⑥ [대금수입 − 차입금발생] 서울은행으로부터 현금 8,300원을 9개월 후에 갚기로 하고 차입하다(빌려오다).

(차) 현금	8,300	(대) 단기차입금	8,300

⑦ [대금수입-예수금발생] 채용이 확정된 신입사원으로부터 신원보증보험료로 현금 700원을 받아 잠시 보관하기로 하다.

(차) 현금	700	(대) 예수금	700

⑧ [대금수입-가수금발생] 당점 당좌(예금)계좌에 원인 모르는 3,000원이 입금되다.

(차) 현금	3,000	(대) 가수금	3,000

3) (차변) 자산증가 – (대변) 자본증가

① [현금출자-자본금 발생] 현금 1,000원을 출자하여 영업을 시작하다.

(차) 현금	1,000	(대) 자본금	1,000

② [현물출자-자본금 발생] 기업주가 업무용 복사기 500원을 추가로 출자하다.

(차) 비품	500	(대) 자본금	500

4) (차변) 자산증가 – (대변) 수익발생

① [대금수입-수익발생] 판매대행을 해주고 수수료로 현금 2,600원을 받다.

(차) 현금	2,600	(대) 수수료수익	2,600

② [대금수입-수익발생] 대여금으로부터 발생한 이자 1,300원을 현금으로 받다.

(차) 현금	1,300	(대) 이자수익	1,300

③ [대금수입-수익발생] 사무실을 빌려주고 현금 3,200원을 받다

(차) 현금	3,200	(대) 임대료	3,200

5) (차변) 부채감소 – (대변) 자산감소

① [차입금감소-대금지급] 6개월간 차입했던(빌려왔던) 차입금 5,100원을 현금으로 상환(지급)하다.

(차) 단기차입금	5,100	(대) 현금	5,100

② [외상채무감소-대금지급] 외상매입금 3,900원을 현금으로 상환하다.

(차) 외상매입금	3,900	(대) 현금	3,900

③ [외상채무감소－대금지급] 상품구입을 위해 발행한 약속어음 2,000원이 만기되어 당좌수표를 발행하여 상환하다.

(차) 지급어음 2,000 (대) 당좌예금 2,000

④ [외상채무감소－대금지급] 비품구입을 위해 발생한 외상대금 6,400원을 자기앞수표로 상환하다.

(차) 미지급금 6,400 (대) 현금 6,400

⑤ [계약금소멸－상품인도] 거래처로부터 받은 계약금 7,800원만큼 우선 상품을 인도(판매)하다.

(차) 선수금 7,800 (대) 상품 7,800

⑥ [예수금소멸－대금지급] 종업원으로부터 받아두었던 신원보증보험료 700원을 보험사에 현금으로 납부하다.

(차) 예수금 700 (대) 현금 700

6) (차변) 부채감소 – (대변) 부채증가

① [외상매입금소멸－어음발행] 외상매입금 8,000원을 상환하기 위해 약속어음을 발행해 지급하다.

(차) 외상매입금 8,000 (대) 지급어음 8,000

② [미지급금소멸－어음발행] 미지급금 3,000원을 상환하기 위해 약속어음을 발행해 지급하다.

(차) 미지급금 3,000 (대) 어음미지급금 3,000

③ [차입금소멸－어음발행] 단기차입금 2,500원을 상환하기 위해 약속어음을 발행해 지급하다.

(차) 단기차입금 2,500 (대) 어음차입금 2,500

7) (차변) 부채감소 – (대변) 자본증가

① [사채소멸－자본금증가] 사채권자의 요구로 (전환)사채 3,700원을 출자전환하다.

(차) (전환)사채 3,700 (대) 자본금 3,700

8) (차변) 부채감소 – (대변) 수익발생

① 결손 보전을 위해 채권자가 단기차입금 4,600원의 상환을 면제하여 주다.

(차) 단기차입금 4,600 (대) 채무면제이익 4,600

9) (차변) 자본감소 – (대변) 자산감소

① 기업주가 개인용도로 현금 2,700원을 인출하다.

(차) 인출금(자본금) 2,700 (대) 현금 2,700

10) (차변) 자본감소 – (대변) 부채증가

① 자본금 3,200원을 감자(자본금 감소)하여 장기차입금으로 전환하다.

(차) 자본금 3,200 (대) 장기차입금 3,200

11) (차변) 자본감소 – (대변) 자본증가

① 이사회 결의로 기발생된 자본잉여금 6,400원을 자본(금)에 전입하다.

(차) 자본잉여금 6,400 (대) 자본금 6,400

12) (차변) 비용발생 – (대변) 자산감소

① 직원 홍길동씨에게 1개월간 월급 8,800원을 현금으로 지급하다.

(차) 급여 8,800 (대) 현금 8,800

② 직원 홍길동씨의 자녀 결혼 축의금으로 3,000원을 현금으로 지급하다.

(차) 복리후생비 3,000 (대) 현금 3,000

③ 1개월분 사무실사용료 2,900원을 당좌수표를 발행해 지급하다.

(차) 임차료 2,900 (대) 당좌예금 2,900

④ 거래처 직원과의 저녁식사비 9,500원을 현금으로 지급하다.

(차) 접대비9,500 (대) 현금 9,500

⑤ 업무용으로 소유한 건물의 재산세 1,400원을 현금으로 지급하다.

(차) 세금과공과 1,400 (대) 현금 1,400

⑥ 상품판매를 촉진하기 위해 광고비로 4,700원을 현금으로 지급하다.

(차) 광고선전비	4,700	(대) 현금	4,700

⑦ 사무실 전기요금으로 6,100원을 현금으로 지급하다.

(차) 수도광열비	6,100	(대) 현금	6,100

13) (차변) 비용발생 – (대변) 부채증가

① 거래처 식사접대에 8,900원을 사용하고 대금은 법인신용카드로 결제하다.

(차) 접대비	8,900	(대) 미지급금	8,900

직무능력평가 1-5

1. 다음 거래를 분석하여 거래요소의 결합관계와 분개를 표시하시오.

(1) 상품 5,100원을 구입하고 대금은 현금으로 지급하다.
(2) 업무용 승용차를 취득하고 1,700원을 현금으로 지급하다.
(3) 업무용 승용차 2,100원을 장부가(취득원가)로 매각하고 대금은 외상으로 하다.
(4) 현금 1,000원을 보증금으로 지급하고 사무실을 임차하다.
(5) 상품 700원을 구입하고 대금은 약속어음을 발행하여 주다.
(6) 업무용 책상 5,400원을 구입하고 대금은 외상으로(나중에 주기로) 하다.
(7) 서울은행으로부터 현금 6,200원을 9개월 후에 갚기로 하고 차입하다(빌려오다).
(8) 채용이 확정된 신입사원으로부터 신원보증보험료로 현금 850원을 받아 잠시 보관하기로 하다.
(9) 기업주가 업무용 복사기 400원을 추가로 출자하다.
(10) 판매대행을 해주고 수수료로 현금 500원을 받다.
(11) 대여금으로부터 발생한 이자 현금 1,200원을 받다.

| 풀이 |

구분		차변	대변
(1)	거래요소		
	분개		
(2)	거래요소		
	분개		
(3)	거래요소		
	분개		

(4)	거래요소		
	분개		
(5)	거래요소		
	분개		
(6)	거래요소		
	분개		
(7)	거래요소		
	분개		
(8)	거래요소		
	분개		
(9)	거래요소		
	분개		
(10)	거래요소		
	분개		
(11)	거래요소		
	분개		

2. 다음 거래를 분석하여 거래요소의 결합관계와 분개를 표시하시오.

(1) 상품 구입을 위해 발행한 약속어음 3,200원이 만기되어 당좌수표를 발행하여 상환하다.

(2) 비품 구입을 위해 발생한 외상대금 4,300원을 자기앞수표로 상환하다.

(3) 종업원으로부터 받아두었던 신원보증보험료 930원을 보험사에 현금으로 납부하다.

(4) 미지급금 1,700원을 상환하기 위해 약속어음을 발행해 지급하다.

(5) 결손 보전을 위해 채권자가 단기차입금 2,500원의 상환을 면제하여 주다.

(6) 자본금 1,200원을 감자(자본금 감소)하여 장기차입금으로 전환하다.

(7) 기업주가 개인용도로 현금 700원을 인출하다.

(8) 직원 홍길동씨에게 1개월간 월급 6,700원을 현금으로 지급하다.

(9) 직원 홍길동씨의 자녀 결혼 축의금으로 1,000원을 현금으로 지급하다.

(10) 1개월분 사무실 사용료 3,800원을 당좌수표를 발행해 지급하다.

(11) 거래처 직원과의 저녁 식사비 7,400원을 현금으로 지급하다.

| 풀이 |

구분		차변	대변
(1)	거래요소		
	분개		

(2)	거래요소		
	분개		
(3)	거래요소		
	분개		
(4)	거래요소		
	분개		
(5)	거래요소		
	분개		
(6)	거래요소		
	분개		
(7)	거래요소		
	분개		
(8)	거래요소		
	분개		
(9)	거래요소		
	분개		
(10)	거래요소		
	분개		
(11)	거래요소		
	분개		

3. 다음 거래를 분석하여 거래요소의 결합관계와 분개를 표시하시오.

(1) 거래처에 상품을 판매(공급)하기로 약정(약속)하고 계약금으로 1,400원을 현금으로 받다.

(2) 사무실 전기요금으로 4,500원을 현금으로 지급하다.

(3) 업무용 책상 3,400원을 구입하고 소지하고 있던 수표로 지급하고 운반비 300원을 현금으로 지급하다.

(4) 거래처로부터 받은 계약금 4,300원만큼 우선 상품을 인도(판매)하다.

(5) 단기투자목적으로 ㈜서울의 주식 10주를 수표를 발행하여 7,000원에 구입하고, 수수료 200원을 현금으로 지급하다.

(6) 업무용 기계를 1,900원을 장부가(취득원가)로 매각하고 대금은 외상으로 하다.

(7) 6개월간 차입했던(빌려왔던) 차입금 3,100원을 현금으로 상환(지급)하다.

(8) 상품 7,600원을 주문하고 계약금 400원을 당좌수표를 발행하여 지급하다.

(9) 사무실을 빌려주고 현금 4,800원을 받다.

(10) 외상매입금 7,700원을 상환하기 위해 약속어음을 발행해 지급하다.

(11) 신제품의 연구를 위한 비경상적 비용(자산요건 충족)으로 1,900원을 현금으로 지급하다.

| 풀이 |

구분		차변	대변
(1)	거래요소		
	분개		
(2)	거래요소		
	분개		
(3)	거래요소		
	분개		
(4)	거래요소		
	분개		
(5)	거래요소		
	분개		
(6)	거래요소		
	분개		
(7)	거래요소		
	분개		
(8)	거래요소		
	분개		
(9)	거래요소		
	분개		
(10)	거래요소		
	분개		
(11)	거래요소		
	분개		

4. 다음 거래를 분석하여 거래요소의 결합관계와 분개를 표시하시오.

(1) 상품 2,600원을 구입하고 대금은 외상으로(나중에 주기로) 하다.
(2) 단기차입금 1,700원을 상환하기 위해 약속어음을 발행해 지급하다.
(3) 상품 3,100원을 구입하고 대금은 상품 매출시 받아두었던 소지어음으로 지급하다.
(4) 상품판매를 촉진하기 위해 광고비로 5,600원을 현금으로 지급하다.
(5) 업무용 책상 4,300원을 구입하고 대금은 약속어음을 발행해 주다.
(6) 당점 당좌(예금)계좌에 원인 모르는 2,000원이 입금되다.

(7) 현금 5,000원을 출자하여 영업을 시작하다.

(8) 외상매입금 4,100원을 현금으로 상환하다.

(9) 거래처 식사접대에 9,100원을 사용하고 대금은 법인신용카드로 결제하다.

(10) 사채권자의 요구로 (전환)사채 5,800원을 출자전환하다.

(11) 업무용으로 소유한 건물의 재산세 1,600원을 현금으로 지급하다.

(12) 이사회 결의로 기발생된 자본잉여금 3,700원을 자본(금)에 전입하다.

| 풀이 |

구분		차변	대변
(1)	거래요소		
	분개		
(2)	거래요소		
	분개		
(3)	거래요소		
	분개		
(4)	거래요소		
	분개		
(5)	거래요소		
	분개		
(6)	거래요소		
	분개		
(7)	거래요소		
	분개		
(8)	거래요소		
	분개		
(9)	거래요소		
	분개		
(10)	거래요소		
	분개		
(11)	거래요소		
	분개		
(12)	거래요소		
	분개		

(4) 전기

분개가 끝난 후 ① 분개에서 발생한 해당계정계좌를 총계정원장에서 찾아 ② 차변금액은 해당계정계좌 차변에, 대변금액은 해당계정계좌의 대변에 기록하고 ③ 계정계좌의 적요란에는 분개된 상대계정과목을 기록하는 것을 전기라 한다. 이때, 상대계정과목이 둘 이상인 경우에는 '제좌'라 기록한다.

거 래	기계장치 700원을 현금을 주고 매입하다.
분 개	(차) 기계장치 700 (대) 현금 700
총계정원장의 계정계좌에 전기	기계장치: 현 금 700 (차변) ↘기계장치계정의 상대계정과목 현금: 기계장치 700 (대변) 현금계정의 상대계정과목↙

예제

다음 거래를 분개하여 총계정원장의 각 관련계정에 전기하시오.

11월 3일 현금 500원을 출자하여 부동산사무소를 시작하다.
11월 5일 현금 300원을 보증금으로 지급하고 사무실을 임차하다.
11월 8일 비품 120원을 현금으로 구입하다.
11월 13일 부동산 중개를 하여 수수료 190원을 현금으로 받다.
11월 21일 종업원 급여 140원을 현금으로 지급하다.
11월 29일 임차료 20원을 현금으로 지급하다.

| 풀이 |

11월 3일	(차) 현 금	500	(대) 자본금	500
11월 5일	(차) 임차보증금	300	(대) 현 금	300
11월 8일	(차) 비 품	120	(대) 현 금	120
11월 13일	(차) 현 금	190	(대) 수수료수익	190
11월 21일	(차) 급 여	140	(대) 현 금	140
11월 29일	(차) 임차료	20	(대) 현 금	20

현 금

차변	금액	대변	금액
11. 3 자본금	500	11. 5 임차보증금	300
11.13 수수료수익	190	11. 8 비 품	120
		11.21 급 여	140
		11.29 임차료	20

자본금	
	11. 3 현 금 500

임차보증금	
11. 5 현 금 300	

비 품	
11. 8 현 금 120	

수수료수익	
	11.13 현 금 190

급 여	
11.21 현 금 140	

임차료	
11.29 현 금 20	

직무능력평가 1-6

다음 거래를 분개하여 총계정원장의 각 관련계정에 전기하시오.

10월 1일 현금 1,000원을 출자하여 신한상사를 시작하다.

10월 4일 현금 500원을 보증금으로 지급하고 사무실을 임차하다.

10월 6일 비품 100원을 현금으로 구입하다.

10월 17일 상품판매 중개를 하여 수수료 400원을 현금으로 받다.

10월 25일 종업원 급여 180원을 현금으로 지급하다.

10월 27일 임차료 120원을 현금으로 지급하다.

| 풀이 |

구분	차변		대변	
	계정과목	금액	계정과목	금액

현금	

자본금	

임차보증금	

비품 | 수수료수익

급여 | 임차료

(5) 계정과목별 분개

1) 현금및현금성자산

① 현금및현금성자산

현금및현금성자산은 재무상태표에 표시할 자산계정으로서 실무에서는 현금, 예금, 현금성자산을 세부계정과목으로 사용한다. 현금은 통화 및 통화대용증권을 받으면 차변에 기록하고, 통화 및 통화대용증권을 지급하면 대변에 기록한다. 예금과 현금성자산은 기업이 투자하면 차변에 기록하고, 투자한 금액을 회수하면 대변에 기록한다.

<table>
<tr><th>계정과목</th><th>세부계정과목</th><th colspan="2">구성내용</th></tr>
<tr><td rowspan="4">현금및
현금성자산</td><td rowspan="2">① 현금</td><td>통화</td><td>한국은행이 발행한 주화, 지폐</td></tr>
<tr><td>통화대용증권</td><td>타인발행수표, 자기앞수표, 가계수표, 송금수표, 우편환증서, 공·사채 만기이자표, 배당금수령증, 일람출금어음, 국고지급통지서, 대체저금환급통지서 등</td></tr>
<tr><td>② 예금</td><td colspan="2">당좌예금, 보통예금 등 요구불예금</td></tr>
<tr><td>③ 현금성자산</td><td colspan="2">① 큰 거래비용이 없고
② 현금으로 전환이 용이하고
③ 이자율 변동으로 인한 가치변동의 위험이 중요하지 않은
④ 유가증권 및 금융상품으로서 취득당시 만기가 3개월 이내에 도래하는 것을 말한다.</td></tr>
</table>

현금의 회계처리

구분	거래내용	차변		대변	
(1)	상품매매를 중개하고 수수료 800원을 받다.	현금	800	수수료수익	800
(2)	비품 300원을 매입하고 자기앞수표를 지급하다.	비품	300	현금	300

② 현금과부족

소유하고 있는 현금과 장부상의 현금에 차이가 있을 경우, 그 원인이 판명될 때까지 처리하는 일시적인 임시계정을 현금과부족계정이라 한다. 실제잔액이 부족시에는 차변에, 과잉시에는 대변에 기록하며, 그 원인이 판명되면 해당계정에 대체하여 소멸시킨다. 기말결산시까시 부족액의 원인이 판명되지 않으면 잡손실계정으로, 과잉액이 판명되지 않으면 잡이익계정에 대체시킨다.

현금의 실제잔액이 장부보다 적은 경우

구분	거래내용	차변		대변	
(1)	실제현금은 1,300원이고 장부상의 현금잔액은 1,800원이다.	현금과부족	500	현금	500
(2)	위 부족액 중 300원이 그 원인이 임차료 지급으로 판명되다.	임차료	300	현금과부족	300
(3)	위 부족액 중 나머지 200원의 원인이 결산 시까지 원인불명이다.	잡손실	200	현금과부족	200

현금의 실제잔액이 장부보다 많은 경우

구분	거래내용	차변		대변	
(1)	실제현금은 1,700원이고 장부상의 현금잔액은 1,000원이다.	현금	700	현금과부족	700
(2)	위 과잉액 중 400원이 그 원인이 집세 수입으로 판명되다.	현금과부족	400	임대료	400
(3)	위 과잉액 중 나머지 300원의 원인이 결산시까지 원인불명이다.	현금과부족	300	잡이익	300

직무능력평가 1-7

1. 다음 거래를 분개하시오.

(1) 상품매매를 중개하고 수수료로 500원을 받다, 대금 중 300원은 자기앞수표로 받고, 잔액은 당좌수표로 받다.

(2) 비품 400원을 매입하고, 대금 중 300원은 소유하고 있는 타인발행수표로 지급하고, 나머지는 현금으로 지급하다.

| 풀이 |

구분	차변		대변	
	계정과목	금액	계정과목	금액

2. 다음 거래를 분개하시오.

(1) 현금의 장부잔액은 600원인데, 실제잔액은 530원임이 발견되어 그 원인을 규명 중이다.

(2) 위 (1)의 부족액 중 50원이 집세 지급이 누락되었음이 판명되다.

(3) 위 (1)의 부족액 중 20원이 결산일까지 원인불명이다.

| 풀이 |

구분	차변		대변	
	계정과목	금액	계정과목	금액

3. 다음 거래를 분개하시오.

(1) 현금의 장부잔액은 700원인데, 실제잔액은 850원임이 발견되어 그 원인을 규명 중이다.

(2) 위 (1)의 과잉액 중 80원이 이자수입이 누락되었음이 판명되다.

(3) 위 (1)의 과잉액 중 70원이 결산일까지 원인불명이다.

| 풀이 |

구분	차변		대변	
	계정과목	금액	계정과목	금액
(1)				
(2)				
(3)				

2) 당좌예금

① 당좌예금

은행과 당좌거래를 맺고, 통화 및 통화대용증권을 당좌예금하면 당좌예금계정 차변에 기록하고, 당좌수표를 발행하여 당좌예금을 인출하면 당좌예금계정 대변에 기록한다.

구분	거래내용	차변	대변
(1)	현금 700원을 당좌예금하다.	당좌예금 700	현금 700
(2)	상품 200원을 매입하고 수표를 발행하다.	상품 200	당좌예금 200

② 당좌차월(단기차입금)

거래은행과 당좌차월계약을 맺으면 당좌예금계정의 잔액이 없어도 당좌차월(단기차입금)한도까지 수표를 발행할 수 있다. 이때, 당좌예금 잔액을 초과하는 금액을 당좌차월이라 한다. 당좌차월은 재무제표에 표시할 때 단기차입금으로 표시한다.

구분	거래내용	차변	대변
(1)	당좌예금 잔액은 500원이나 비품 800원을 매입하고 수표를 발행하다(당좌차월한도 1,000원).	비품 800	당좌예금 500 당좌차월 300 (단기차입금)
(2)	당좌차월 300원이 있는데 현금 900원을 당좌예금하다.	당좌차월 300 (단기차입금) 당좌예금 600	현금 900

직무능력평가 1-8

다음의 연속된 거래를 분개하시오.

9월 2일 하나은행과 당좌거래와 당좌차월(차입한도: 2,000원) 계약을 맺고, 현금 1,000원을 당좌예금하다.

9월 13일 부천상사로부터 비품 1,300원을 매입하고 수표를 발행하다.

9월 15일 원주상사로부터 판매수수료 700원을 받다. 대금은 동점(원주상사) 발행의 수표로 받아 즉시 당좌예금하다.

9월 20일 현금부족으로 수표 100원을 발행하여 현금을 인출하다.

9월 25일 춘천상사로부터 판매수수료 500원을 받다. 대금 중 150원은 당점이 발행한 수표로 받고, 200원은 동점(춘천상사) 발행의 수표로 받고, 잔액은 현금으로 받다.

| 해답 |

구분	차변		대변	
	계정과목	금액	계정과목	금액
9월 2일				
9월 13일				
9월 15일				
9월 20일				
9월 25일				

3) 단기금융상품

금융기관이 취급하는 정기예금, 정기적금, 사용이 제한되어 있는 예금(특정예금: 감채기금) 및 기타 정형화된 상품으로 결산일로부터 1년 이내에 도래하는 것을 처리하는 자산계정이다.

보충설명 ○ 기타 정형화된 금융상품

은행, 종합금융회사, 투자신탁회사, 증권회사 등 금융권에서 판매하는 다음의 상품을 말한다(보통 만기가 1년 이내임).

양도성예금증서(CD), 어음관리계좌(CMA), MMF, 환매채(RP), 발행어음(종합금융회사 발행분), 기업어음(CP), 표지어음, 금전신탁 등

단기금융상품의 회계처리

구분	거래내용	차변	대변
(1)	현금 600원을 만기가 6개월인 정기예금에 예탁하다.	단기금융상품 600	현금 600
(2)	위 (1)의 정기예금이 만기가 되어 원금 600원과 이자 30원을 현금으로 받다.	현금 630	단기금융상품 600 이자수익 30

직무능력평가 1-9

다음 거래를 분개하시오.

(1) 국민은행에 현금 800원을 1년 만기 정기예금을 하다.

(2) 위 (1)의 정기예금이 만기가 되어 원금 800원과 이자 50원을 포함하여 850원을 현금으로 받다.

| 풀이 |

구분	차변		대변	
	계정과목	금액	계정과목	금액
(1)				
(2)				

4) 단기매매증권

① 단기매매증권의 의의

단기매매증권계정은 단기투자 목적으로 시장성이 있는 공채(국채, 지방채), 사채, 주식 등을 구입하였을 때는 취득원가를 단기매매증권계정 차변에 기록하고, 이것을 처분하였을 때는 장부가액을 단기매매증권계정 대변에 기록하는 자산계정으로 잔액은 차변에 남는다.

보충설명 ∘ 매입부대비용(수수료 등)의 회계처리

단기매매증권(단기매매항목)과 당기손익인식금융자산으로 지정한 경우의 취득시 매입부대비용은 다른 자산과 같이 원가에 가산하지 않고 비용(수수료비용 등)으로 회계처리한다. 이는 수수료 등을 취득시점에 취득원가에 가산할 경우, 해당 당기손익인식금융자산(단기매매증권 포함)이 취득시점부터 평가손실이 발생하는 문제를 해결하기 위한 것이다. 한편 단기매매증권 처분시의 수수료와 증권거래세 등은 처분대가에서 직접 차감하여 처분손익에 반영한다.

② 단기매매증권의 처분

단기매매증권의 처분 분개시 장부가액은 대변에 기록하여 제거하고 차변은 처분대가를 기록한다. 이때 처분가액이 장부가액보다 많으면, 그 차액을 '단기매매증권처분이익'이라는 수익계정으로 처리하여 대변에 기록한다. 반대로 처분가액이 장부가액보다 적으면, 그 차액을 '단기매매증권처분손실'이라는 비용계정으로 처리하여 차변에 기록한다.

구분		거래내용	차변	대변
구입시		시장성이 있는 주식 700원을 매입수수료 40원을 포함하여 현금지급하고 취득하다.	단기매매증권 700 수수료비용 40	현금 740
처분시	장부가<처분가	위 취득한 주식을 800원의 현금을 받고 처분하다.	현금 800	단기매매증권 700 단기매매증권처분이익 100
	장부가>처분가	위 취득한 주식을 650원의 현금을 받고 처분한다.	현금 650 단기매매증권처분손실 50	단기매매증권 700

③ 단기매매증권의 평가

결산시 장부가액과 공정가치(시가: 재무상태표일 현재의 종가)가 다른 경우에는 공정가치(시가)를 재무상태표 가액으로 한다. 이를 위한 분개시 공정가치(시가: 재무상태표일 현재의 종가)가 장부가액보다 하락한 경우에는 단기매매증권평가손실을 차변에 계상하고 대변에 단기매매증권을 기록한다. 반대로 공정가치가 장부가액보다 상승한 경우에는 단기매매증권평가이익을 대변에 계상하고 차변에 단기매매증권을 기록한다.

구분	거래내용	차변		대변	
공정가액 하락시 (장부가>공정가)	장부가 700원, 시장성 있는 주식의 결산일 공정가액이 580원이다.	단기매매증권평가손실	120	단기매매증권	120
공정가액 상승시 (장부가<공정가)	장부가 600원, 시장성 있는 주식의 결산일 공정가액이 680원이다.	단기매매증권	80	단기매매증권평가이익	80

④ 단기매매증권 기타 관련 손익

A) 이자수익계정

소유하고 있는 공채, 사채 등의 이자를 받은 경우 처리하는 수익계정이다.

B) 배당금수익계정

소유하고 있는 주식에 대한 배당금을 받은 경우 처리하는 수익계정이다.

구분	거래내용	차변		대변	
(1)	소유 채권에 대한 이자 140원을 현금으로 받다.	현금	140	이자수익	140
(2)	소유 주식에 대한 배당 70원을 현금으로 받다.	현금	70	배당금수익	70

예제

다음의 연속된 거래를 분개하시오.

20×6년 10월 10일 단기시세차익을 얻을 목적으로 상장회사인 ㈜동대문의 주식 100주(1주당 액면가액 500)를 1주당 600원에 매입하고 수수료 1,000원을 포함하여 현금으로 지급하다.

20×6년 12월 31일 결산시 위 주식을 1주당 530원으로 평가하다.

20×7년 3월 25일 위 주식 중 40주를 1주당 550원에 매각하고 처분수수료 600원을 제외한 대금을 현금으로 받다.

| 풀이 |

20×6년 10월 10일

(차) 단기매매증권 60,000* (대) 현금 61,000
수수료비용 1,000

* 취득주식수 100주×1주 취득가 600원=단기매매증권 취득가 60,000원

20×6년 12월 31일

(차) 단기매매증권평가손실 7,000* (대) 단기매매증권 7,000

* 보유주식수 100주×(1주당 공정가치 600원－1주당 장부가(취득가) 530원)
=단기매매증권평가손실 7,000원

20×7년 3월 25일

(차) 현금 21,400** (대) 단기매매증권 21,200*
단기매매증권처분이익 200***

* 처분주식수 40주×1주당 장부가 530원=단기매매증권 장부가 21,200원
** (처분주식수 40주×1주당 처분가 550원)－처분수수료 600원=(실제)처분대가 21,400원
*** 처분가 21,400원－장부가 21,200원=단기매매증권처분이익 200원

직무능력평가 1-10

1. 다음을 분개하시오.

(1) 시장성이 있는 주식 300원을 매입수수료 20원을 포함하여 현금 지급하고 취득하다.
(2) 위 (1)의 취득한 주식을 400원의 현금을 받고 처분하다.
(3) 위 (1)의 취득한 주식을 250원의 현금을 받고 처분하다.

| 풀이 |

구분	차변		대변	
	계정과목	금액	계정과목	금액
(1)				
(2)				
(3)				

2. 다음을 분개하시오.

(1) 장부가 900원 시장성 있는 주식의 결산일 공정가액이 830원이다.
(2) 장부가 800원 시장성 있는 주식의 결산일 공정가액이 920원이다.
(3) 소유 채권에 대한 이자 180원을 현금으로 받다.
(4) 소유 주식에 대한 배당 90원을 현금으로 받다.

| 풀이 |

구분	차변		대변	
	계정과목	금액	계정과목	금액
(1)				
(2)				
(3)				
(4)				

3. 다음의 연속된 거래를 분개하시오.

20×6년 10월 21일 난기시세차익을 얻을 목적으로 상장회사인 ㈜강동의 주식 30주(1주당 액면가액 500)를 1주당 600원에 매입하고 수수료 700원을 포함하여 현금으로 지급하다.

20×6년 12월 31일 결산시 위 주식을 1주당 680원으로 평가하다.

20×7년 3월 22일 위 주식 중 10주를 1주당 650원에 매각하고 처분수수료 300원을 제외한 대금을 현금으로 받다.

| 풀이 |

구분	차변		대변	
	계정과목	금액	계정과목	금액
20×6년 10월 21일				
20×6년 12월 31일				
20×7년 3월 22일				

5) 상품과 이월상품

① 상품

상품에 대하여 기록하는 방법에는 단일상품계정과 분할(이월)상품계정이 있으며, 단일상품계정에는 매출액의 기록방법에 따라서 순수계정(분기법)으로 처리하는 방법과 혼합계정(총기법)으로 처리하는 방법이 있다.

구분	거래내용			
(1) 상품 매출시	원가 1,000원의 상품을 1,100원에 외상으로 매출하다.			
분기법	(차) 외상매출금	1,100	(대) 상품 상품매출이익	1,000 100
총기법	(차) 외상매출금	1,100	상품	1,100
(2) 반품시	위 (1)의 상품 매출 중 330원이 반품되다.			
분기법	(차) 상품 상품매출이익	300 30	(대) 외상매출금	330
총기법	(차) 상품	330	(대) 외상매출금	330
(3) 가격 할인시	위 (1)의 매출한 상품의 하자로 20원을 할인하다.			
분기법	(차) 상품매출이익	20	(대) 외상매출금	20
총기법	(차) 상품	20	(대) 외상매출금	20
(4) 대금 회수시	위 (1)의 외상매출금이 조기에 회수되어 10원을 할인하여 주고 740원의 현금을 받다.			
분기법	(차) 현금 상품매출이익	740 10	(대) 외상매출금	750
총기법	(차) 현금 상품	740 10	(대) 외상매출금	750
(5) 결산시	상품(상품매출이익)계정의 대변잔액 40원을 손익계정에 대체하다.			
분기법	(차) 상품매출이익	40	(대) 손익	40
총기법	(차) 상품	40	(대) 손익	40

보충설명

• 운임(운반비)의 회계처리

매입시 본인부담 운반비는 매입(매출원가)에 가산한다. 그러나 거래처(동점, 타인)부담 운송비는 외상매입금에서 차감한다. 한편, 매출시에는 본인부담 운반비라는 별도의 계정을 사용하여 회계처리하고, 거래처(동점, 타인)부담 운반비는 외상매출금에 가산한다.

구분	거래내용	차변		대변	
매입시	본인부담 운반비지급	매입	×××	현금	×××
	매입처부담 운반비지급	외상매입금	×××	현금	×××

구분	거래내용	차변		대변	
매출시	본인부담 운반비지급	운반비	×××	현금	×××
	매출처부담 운반비지급	외상매출금	×××	현금	×××

• 인도(판매)기준

상품의 매출이 수익으로 실현(수익의 발생으로 인정)되어 수익으로 인식(장부에 기록)할 수 있는 시기는 상품이 인도(판매)된 시점으로 하고 있다.

② 분할상품

순매입액, 순매출액, 매출원가를 쉽게 알 수 있게 하기 위하여 상품계정을 여러 계정으로 나누어 회계처리하는 것을 상품계정의 분할이라 하며, 일반적으로 상품계정을 이월상품계정, 매입계정, 매출계정으로 분할하는 3분법이 기본방법이다. 즉 상품을 구입하면 매입계정(비용), 상품을 판매하면 매출계정(수익), 재고로 남아 있으면 이월상품(자산)계정으로 회계처리한다. 결국 이 방법은 단일상품계정 사용시 발생하는 상품매출손익의 기간 중 합계액에 해당하는 매출총손익을 다음과 같이 계산하는 것이다.

순매출액＝총매출액－매출에누리·매출할인·환입
순매입액＝총매입액－매입에누리·매입할인·환출
판매가능액＝기초상품재고액＋순매입액
매출원가＝판매가능액－기말상품재고액
매출총이익＝순매출액－매출원가
매출총손실＝매출원가－순매출액

보충설명 ● 5분법, 7분법, 9분법

상품계정을 몇 개의 계정으로 분할하는가에 따라 5분법, 7분법, 9분법이라 한다. 이때, 분할방법은 이월상품, 매입, 매출계정을 기본계정으로 하고 매입에누리 · 매입할인 · 매입환출과 매출에누리 · 매출할인 · 매출환입을 각각 계정으로 모두 사용하면 9분법이 된다. 어떤 분법을 사용해도 매출총손익(회계기간 중 상품매출이익)을 산출한 결과는 같다.

예제

다음 거래를 3분법으로 분개하고 관련계정에 전기한 후 매출총손익을 산출하시오. 단, 기초상품은 200원이고 기말상품은 300원이다.

9월 12일 상품 500원을 외상매입하다.
9월 23일 위 상품 70원을 반품하다.
10월 14일 상품 800원을 외상매출하다.
10월 24일 위 매출한 상품하자로 40원을 에누리하다.

| 풀이 |

[회계처리]

구분	일자	차변		대변	
거래분개	9.12	매입	500	외상매입금	500
	9.23	외상매입금	70	매입	70
	10.14	외상매출금	800	매출	800
	10.24	매출	40	외상매출금	40
결산 대체분개	12.31	매입	200	이월상품	200
	12.31	이월상품	300	매입	300
	12.31	손익	330	매입	330
	12.31	매출	760	손익	760

관련계정

이월상품

차변		대변	
1. 1 전기이월	200	12.31 매입	200
12.31 매입	300	12.31 차기이월	300
	500		500

매입

차변		대변	
9.12 외상매입금	500	9.23 외상매입금	70
12.31 이월상품	200	12.31 이월상품	300
		12.31 손익	330
	700		700

매출

10.24 외상매출금	40	10.14 외상매출금	800
12.31 손익	760		
	800		800

손익

12.31 매입	330	12.31 매출	760
12.31 매출총이익	430		
	760		760

직무능력평가 1-11

1. 다음 연속된 거래를 분개하시오.

구분	거래내용
(1) 상품 매출시	원가 500원의 상품을 600원에 외상으로 매출하다.
분기법	(차) (대)
총기법	(차)
(2) 반품시	위 (1)의 상품 매출 중 60원이 반품되다.
분기법	(차) (대)
총기법	(차) (대)
(3) 가격 할인시	위 (1)의 매출한 상품의 하자로 40원을 할인하다.
분기법	(차) (대)
총기법	(차) (대)
(4) 대금 회수시	위 (1)의 외상매출금이 조기에 회수되어 20원을 할인하여 주고 480원의 현금을 받다.
분기법	(차) (대)
총기법	(차) (대)
(5) 결산시	상품(상품매출이익)계정의 대변잔액 30원을 손익계정에 대체하다.
분기법	(차) (대)
총기법	(차) (대)

2. 다음 거래를 3분법으로 분개하고 관련계정에 전기한 후 매출총손익을 산출하시오. 단, 기초상품은 230원이고 기말상품은 280원이다.

6월 26일 상품 500원을 외상매입하다.
6월 28일 위 상품 60원을 반품하다.
11월 14일 상품 800원을 외상매출하다.
11월 17일 위 매출한 상품하자로 50원을 에누리하다.

| 풀이 |

[회계처리]

구분	일자	차변	대변
거래분개			
결산 대체분개			

<u>관련계정</u>

이월상품	

매입	

매출	

손익	

6) 채권과 채무

① 단기대여금과 단기차입금

차용증서를 받고 금전을 대여할 경우에 대여기간이 결산일로부터 1년 이내이면 '단기대여금'이라는 채권이 발생한다. 반면 차용증서를 발행하고 금전을 차입할 경우에 차입기간이 결산일로부터 1년 이내이면 '단기차입금'이라는 채무가 발생한다.

구분	거래내용	차변	대변
(1)	보령상사에 현금 800원을 7개월간 대여하고 차용증서를 받다.	단기대여금 800	현금 800
(2)	위 (1)의 대여금이 만기가 되어 이자 65원과 함께 현금으로 받다.	현금 865	단기대여금 800 이자수익 65
(3)	영동상사로부터 현금 600원을 10개월간 차입하고 차용증서를 교부하다.	현금 600	단기차입금 600
(4)	위 (3)의 차입금이 만기가 되어 이자 45원과 함께 현금으로 상환하다.	단기차입금 600 이자비용 45	현금 645

② 미수금과 미지급금

상품 등 재고자산 이외의 자산, 즉 유형자산이나 단기매매증권 등을 매각(처분)하고 처분대금을 즉시 받지 못하고 나중에 받기로 하면 '미수금'이라는 채권이 발생한다. 반면 상품 등 재고자산 이외의 자산, 즉 유형자산이나 단기매매증권 등을 구입하고 구입대금을 즉시 지급하지 못하고 나중에 지급하기로 하면 '미지급금'이라는 채무가 발생한다.

구분	거래내용	차변	대변
(1)	사용하던 비품 400원을 처분하고 대금은 월말에 받기로 하다.	미수금 400	비품 400
(2)	월말에 위 (1)의 처분대금을 현금으로 회수하다.	현금 400	미수금 400
(3)	기계장치 300원을 구입하고 대금은 월말에 지급하기로 하다.	기계장치 300	미지급금 300
(4)	월말에 위 (3)의 구입대금을 현금으로 지급하다.	미지급금 300	현금 300

③ 선급금과 선수금, 상품권선수금

상품 등을 인수하기 전에 상품대금(계약금 등)을 미리 지급하였을 때는 '선급금'계정 차변에 기록하고, 상품 등이 도착되어 인수하게 되면 상품매입 대금에 충당되므로 '선급금'계정 대변에 기록한다. 상품 등을 인도하기 전에 상품대금(계약금 등)을 미리 받았을 때는 '선수금'계정 대변에 기록하고, 상품 등을 인도하게 되면 상품매출대금에 충당되므로 '선수금'계정 차변에 기록한다. 한편 백화점 등에서 상품권을 발행할 때에는 '상품권선수금'계정 대변에 기록하고, 상품권과 교환하여 상품을 인도하였을 때에는 '상품권선수금'계정 차변에 기록한다.

구분	거래내용	차변	대변
(1)	상품 500원을 주문하고 계약금으로 40원을 현금으로 지급하다.	선급금 40	현금 40
(2)	위 (1)의 주문상품이 도착하여 인수하고 계약금을 제외한 잔액은 외상으로 하다.	매입 500	선급금 40 외상매입금 460
(3)	상품 700원의 매수주문을 받고 착수금으로 80원을 현금으로 받다.	현금 80	선수금 80
(4)	위 (3)의 매수주문 받은 상품을 인도하고 착수금을 제외한 금액은 외상으로 하다.	선수금 80 외상매출금 620	매출 700
(5)	상품권 200원을 현금을 받고 발행하다.	현금 200	상품권선수금 200
(6)	상품 600원을 판매하고 위 (5)의 발행한 상품권 200원을 받고 나머지 잔액은 자기앞수표로 받다.	상품권선수금 200 현금 400	매출 600

④ 가지급금과 가수금

현금을 지급하였으나 회계처리할 계정과목이나 금액이 불확실한 경우에는 일시적인 자산계정인 '가지급금'계정 차변에 기록하였다가 회계처리할 계정과목이나 금액이 확정되면 '가지급금'계정 대변에 기록한다. 현금이 수입은 되었으나 회계처리할 계정과목이나 금액이 불확실한 경우에는 일시적인 부채계정인 '가수금'계정 대변에 기록하였다가 회계처리할 계정과목이나 금액이 확정되면 '가수금'계정 차변에 기록한다.

구분	거래내용	차변	대변
(1)	종업원 갑의 출장을 위해 여비교통비 조로 대략 계산하여 100원을 현금으로 지급하다.	가지급금 100	현금 100
(2)	위 (1)의 종업원 갑이 출장후 여비교통비로 150원을 사용하였다는 증빙을 제출하여 부족액을 현금으로 지급하다.	여비교통비 150	가지급금 100 현금 50
(3)	위 (1)의 종업원 갑이 출장후 여비교통비로 80원을 사용하였다는 증빙을 제출하여 과잉 지급액을 현금으로 회수하다.	여비교통비 80 현금 20	가지급금 100
(4)	거래은행의 당점 당좌예금 계좌에 원인불명의 송금 130원이 있다.	당좌예금 130	가수금 130
(5)	위 (4)의 송금이 소은상사의 매수주문 착수금임이 판명되다.	가수금 130	선수금 130

⑤ (종업원)단기대여금과 예수금

급여 지급시에 차감하는 조건으로 급여의 일부를 미리 지급하거나 일시적으로 대여하는 경우에는 '(종업원)단기대여금'계정 차변에 기록하고, 급여 지급시나 상환받을 때에 '(종업원)단기대여금'계정 대변에 기록한다. 종업원에 대한 신원보증금을 받거나 급여에서 차감한 근로소득세, 건강보험료, 조합비 등을 일시적으로 보관할 때에는 '예수금'계정 대변에 기록하고, 이를 반환 또는 세무서, 조합 등에 납부하였을 때에는 '예수금'계정 차변에 기록한다.

구분	거래내용	차변	대변
(1)	급여에서 차감하기로 하고 종업원 갑에게 현금 200원을 대여하다.	(종업원) 단기대여금 200	현금 200
(2)	종업원 김길동의 급여 700원을 위 (1)의 대여금을 차감하고 현금으로 지급하다.	급여 700	(종업원) 단기대여금 200 현금 500
(3)	종업원 이하나의 급여 800원 중 소득세 100원, 건강보험료 70원을 차감하고 현금으로 지급하다.	급여 800	소득세예수금 100 보험료예수금 70 현금 630
(4)	위 (3)의 예수금을 관계기관에 현금으로 납부하다.	소득세예수금 100 보험료예수금 70	현금 170

직무능력평가 1-12

1. 다음 거래를 분개하시오.

(1) 대천상사에 현금 900원을 11개월간 대여하고 차용증서를 받다.

(2) 위 (1)의 대여금이 만기가 되어 이자 40원과 함께 현금으로 받다.

(3) 현금 600원을 8개월간 차입하고 차용증서를 교부하다.

(4) 위 (3)의 차입금이 만기가 되어 이자 30원과 함께 현금으로 상환하다.

| 풀이 |

구분	차변		대변	
	계정과목	금액	계정과목	금액
(1)				
(2)				
(3)				
(4)				

2. 다음 거래를 분개하시오

(1) 사용하던 건물 400원을 원가에 처분하고 대금은 월말에 받기로 하다.

(2) 월말이 되어 위 (1)의 건물 처분대금을 현금으로 회수하다.

(3) 차량운반구 200원을 구입하고 대금은 월말에 지급하기로 하다.

(4) 월말이 되어 위 (3)의 차량운반구 구입대금을 현금으로 지급하다.

| 풀이 |

구분	차변		대변	
	계정과목	금액	계정과목	금액
(1)				
(2)				
(3)				
(4)				

3. 다음 거래를 분개하시오(상품은 3분법).

(1) 상품 300원을 주문하고 계약금으로 20원을 현금으로 지급하다.

(2) 위 (1)의 주문상품이 도착하여 인수하고 계약금을 제외한 잔액은 외상으로 하다.

(3) 상품 700원의 매수주문을 받고 착수금으로 60원을 현금으로 받다.

(4) 위 (3)의 매수주문 받은 상품을 인도하고 착수금을 제외한 금액은 외상으로 하다.

(5) 상품권 100원을 현금을 받고 발행하다.

(6) 상품 300원을 판매하고 위 (5)의 발행한 상품권 100원을 받고 나머지 잔액은 자기앞수표로 받다.

| 풀이 |

구분	차변		대변	
	계정과목	금액	계정과목	금액
(1)				
(2)				
(3)				
(4)				
(5)				
(6)				

4. 다음 거래를 분개하시오.

(1) 종업원 갑의 출장을 위해 여비교통비 조로 대략 계산하여 700원을 현금으로 지급하다.

(2) 위 (1)의 종업원 갑이 출장후 여비교통비로 860원을 사용하였다는 증빙을 제출하여 부족액을 현금으로 지급하다.

(3) 위 (1)의 종업원 갑이 출장후 여비교통비로 450원을 사용하였다는 증빙을 제출하여 과잉지급액을 현금으로 회수하다.

(4) 거래은행의 당점 당좌예금계좌에 원인불명의 송금 500원이 있다.

(5) 위 (4)의 송금이 영월상사로부터의 외상매출금 회수분임이 판명되다.

| 풀이 |

구분	차변		대변	
	계정과목	금액	계정과목	금액
(1)				
(2)				
(3)				
(4)				
(5)				

5. 다음 거래를 분개하시오.

(1) 급여에서 차감하기로 하고 종업원 갑에게 현금 150원을 대여하다.

(2) 종업원 갑의 급여 600원을 위 (1)의 대여금을 차감하고 현금으로 지급하다.
(3) 종업원 을의 급여 700원 중 소득세 60원, 건강보험료 30원을 차감하고 현금으로 지급하다.
(4) 위 (3)의 예수금을 관계기관에 현금으로 납부하다.

| 풀이 |

구분	차변		대변	
	계정과목	금액	계정과목	금액
(1)				
(2)				
(3)				
(4)				

7) 매출채권과 매입채무, 어음거래

① 매출채권과 매입채무

매출채권계정은 외상매출금과 받을어음을 통합한 계정으로서 총계정원장에서는 외상매출금과 받을어음계정을 각각 설정하여 회계처리하고, 재무상태표에는 이 두 가지 계정을 통합하여 매출채권으로 표시한다. 매입채무계정도 외상매입금과 지급어음을 통합한 계정으로서 총계정원장에서는 외상매입금과 지급어음계정을 각각 설정하여 회계처리하고, 재무상태표에는 이 두 가지 계정을 통합하여 매입채무로 표시한다.

② 외상매출금과 외상매입금

상품 등의 재고자산을 판매(매출)하고 대금을 받지 못할 경우 '외상매출금'이라는 자산이 발생한다. 반면 상품 등의 재고자산을 구입(매입)하고 대금을 지급하지 못하면 '외상매입금'이라는 부채가 발생한다.

구분	거래내용	차변	대변
(1)	강서상사에 상품 600원을 외상으로 매출하다.	외상매출금 600	매출 600
(2)	부산상사에서 상품 400원을 외상으로 매입하다.	매입 400	외상매입금 400

보충설명 ○ 팩토링(매출채권 양도)

매출채권을 금융기관 등에 양도하면서 발생하는 수수료(할인료) 등의 금융비용은 현행 기업회계기준에 의해 매각거래로 인식함에 따라 매출채권처분손실로 처리한다.

(예) 매출채권 2,000원을 거래은행에게 양도(할인)하고 수수료(금융비용) 120원을 제외한 금액이 당점 당좌계좌에 예입(예금)되다.

(차)	당좌예금	1,880	(대)	매출채권	2,000
	매출채권처분손실	120			

③ 받을어음과 지급어음

상품 등의 재고자산을 판매(매출)하고 대금을 어음으로 받은 경우 '받을어음'이라는 자산이 발생한다. 반면 상품 등의 재고자산을 구입(매입)하고 대금을 약속어음을 발행하여 지급하면 '지급어음'이라는 부채가 발생하고, 상품 등의 판매대금으로 받아 소지하고 있던 어음으로 지급하면 '받을어음'이 소멸한다.

구분	거래내용	차변		대변	
(1)	울산상사에 상품 800원을 매출하고 대금은 환어음으로 받다.	받을어음	800	매출	800
(2)	동작상사에서 상품 700원을 매입하고, 대금은 약속어음을 발행해 지급하다.	매입	700	지급어음	700
(3)	부천상사에서 상품 500원을 매입하고 대금은 소지하고 있던 어음으로 지급하다.	매입	500	받을어음	500

보충설명 ○ 약속어음과 환어음

• 약속어음과 환어음

약속어음은 발행인이 수취인(소지인)에게 일정기일에 일정한 장소에서 일정금액을 지급할 것을 약속하는 증권으로서 발행인은 어음상의 채무자가, 수취인은 어음상의 채권자가 된다.

어음당사자: 발행인 = 지급인, 소지인 = 수취인

환어음은 발행인이 지명인(지급인)에게 일정기일에 일정한 장소에서 일정금액을 수취인(소지인)에게 지급하도록 위탁하는 증권으로서 인수인은 어음상의 채무자이고, 수취인은 어음상의 채권자이다.

어음당사자: 발행인 ≠ 수취인 ≠ 지급인

• 환어음의 발행과 인수

채권을 가지고 있는 발행인이 채무자를 지급인으로 하여 환어음을 발행하기 위해서는 채무자, 즉 지명인(지급인, 인수인)이 어음대금을 지급할 것을 승낙하고, 기명 · 날인하는 절차인 "환어음 인수"가 있어야 한다. 환어음의 발행자와 인수자는 다음과 같이 회계처리한다.

1) 환어음 발행시

매출처의 인수 승낙을 받아 환어음을 발행하면 매출처의 외상매출금이 소멸한다.

2) 환어음 인수시(지급어음)

매입처가 발행한 환어음을 인수하면 매입처에 대한 외상매입금은 소멸시키고 지급어음계정 대변에 기록한다. 그리고 만기일에 어음대금을 지급하면 채무소멸로 지급어음계정 차변에 기록한다.

구분	거래내용	차변	대변
(1)	서울상회는 상주상회에서 상품 600원을 매입하고, 대금은 매출처 대전상회의 인수 승낙을 받아 환어음을 발행해 주다.	매입 600	외상매출금 600
(2)	대전상회는 매입처 서울상회의 요청으로 환어음 600원을 인수하다.	외상매입금 600	지급어음 600

④ 어음대여금과 어음차입금

금전을 대여하여 주고, 차용증서 대신 어음을 수취한 경우 실무적으로는 '어음대여금'이라는 채권이 발생하며, 재무상태표에는 '단기대여금'계정에 합산하여 표시한다. 반면 금전을 차입하고, 차용증서 대신 어음을 발행한 경우 실무적으로는 '어음차입금'이라는 채무가 발생하며, 재무상태표에는 단기차입금계정에 합산하여 표시한다.

구분	거래내용	차변	대변
(1)	노원상사에 약속어음을 받고 현금 700원을 7개월간 대여하다.	어음대여금(단기대여금) 700	현금 700
(2)	위 (1)의 어음의 만기가 되어 현금으로 회수하다.	현금 700	어음대여금(단기대여금) 700
(3)	도봉상사에 약속어음을 발행하여 주고 현금 300원을 9개월간 차입하다.	현금 300	어음차입금(단기차입금) 300
(4)	위 (3)의 어음의 만기가 되어 현금으로 지급하다.	어음차입금(단기차입금) 300	현금 300

⑤ 어음미수금과 어음미지급금

상품 등 재고자산 이외의 자산을 매각처분하고, 어음을 받은 경우 '어음미수금'이라는 채권이 발생하며, 재무상태표에는 미수금계정에 합산하여 표시한다. 반면 상품 등 재고자산 이외의 자산을 취득하고, 어음을 발행한 경우 '어음미지급금'이라는 채무가 발생하며, 재무상태표에는 미지급금계정에 합산하여 표시한다.

구분	거래내용	차변	대변
(1)	토지 200원을 장부가(원가)로 처분하고 대금은 약속어음으로 받다.	어음미수금 (미수금) 200	토지 200
(2)	위 (1)의 약속어유의 만기가 되어 현금으로 회수하다.	현금 200	어음미수금 (미수금) 200
(3)	비품 100원을 구입하고 대금은 약속어음을 발행하여 주다.	비품 100	어음미지급금 (미지급금) 100
(4)	위 (3)의 약속어음의 만기가 되어 현금으로 지급하다.	어음미지급금 (미지급금) 100	현금 100

직무능력평가 1-13

1. 다음 거래를 분개하시오(상품계정은 3분법).

(1) 강동상사에 상품 500원을 외상으로 매출하다.
(2) 울산상사에서 상품 700원을 외상으로 매입하다.
(3) 청원상사에 상품 300원을 매출하고 대금은 약속어음으로 받다.
(4) 구로상사에서 상품 200원을 매입하고, 대금은 약속어음을 발행해 지급하다.
(5) 광명상사에서 상품 800원을 매입하고 대금은 소지하고 있던 어음으로 지급하다.

| 풀이 |

구분	차변		대변	
	계정과목	금액	계정과목	금액
(1)				
(2)				
(3)				
(4)				
(5)				

2. 다음 거래를 분개하시오(상품계정은 3분법).

(1) 관악상사에 약속어음을 받고 현금 500원을 8개월간 대여하다.

(2) 위 (1)의 어음의 만기가 되어 현금으로 회수하다.

(3) 은평상사에 약속어음을 발행하여 주고 현금 200원을 11개월간 차입하다.

(4) 위 (3)의 어음의 만기가 되어 현금으로 지급하다.

| 풀이 |

구분	차변		대변	
	계정과목	금액	계정과목	금액
(1)				
(2)				
(3)				
(4)				

3. 다음 거래를 분개하시오(상품계정은 3분법).

(1) 토지 300원을 장부가(원가)로 처분하고 대금은 약속어음으로 받다.

(2) 위 (1)의 약속어음의 만기가 되어 현금으로 회수하다.

(3) 기계장치 200원을 구입하고 대금은 약속어음을 발행하여 주다.

(4) 위 (3)의 약속어음의 만기가 되어 현금으로 지급하다.

| 풀이 |

구분	차변		대변	
	계정과목	금액	계정과목	금액
(1)				
(2)				
(3)				
(4)				

8) 대손상각비와 대손충당금

① 대손상각비

매출채권(외상매출금+받을어음) 등 수취채권이 거래처의 파산, 폐업, 행방불명 등의 사유로 회수가 불가능하게 된 것을 대손이라 하며, 이를 '대손상각비'라는 비용으로 처리하게 된다. 그러나 대부분의 경우 대손에 대비해 대손시 사용할 대손충당금을 미리 설정하므로, '대손상각비'는 대손충당금 설정시 상대계정으로 발생한다.

② 대손충당금

결산시 회수가 불확실한 채권에 대하여 합리적이고 객관적인 기준에 따라 산출된 대손추산액(대손예상액)은 대손충당금계정 대변에 잔액으로 남아 있어야 한다. 이미 설정된 대손충당금 잔액이 없다면 대손추산액은 대손상각비계정 차변과 대손충당금계정 대변에 기록한다. 그런데 이미 대손충당금 잔액이 일부 있는 경우, 즉 대손예상액이 이미 설정된 대손충당금 잔액보다 더 많은 경우에는 그 차액을 추가로 설정하고, 적은 경우에는 그 차액을 환입시켜야 한다.

구분	거래내용	차변		대변	
(1)	결산시 매출채권 잔액 500원에 대하여 3%의 대손을 예상하다. 단, 대손충당금 잔액은 없다.	대손상각비	15	대손충당금	15
(2)	결산시 매출채권 잔액 500원에 대하여 3%의 대손을 예상하다. 단, 대손충당금 잔액은 3원	대손상각비	12	대손충당금	12
(3)	결산시 매출채권 잔액 500원에 대하여 3%의 대손을 예상하다. 단, 대손충당금 잔액은 25원	대손충당금	10	대손충당금 환입	10

보충설명 ○ 대손충당금 설정시 계정과목

- 대손상각비(판매비와관리비), 대손충당금(채권잔액에 대한 차감적 평가계정), 대손충당금환입(영업외수익)

③ 대손발생시 회계처리

대손이 발생된 경우에는 우선적으로 '대손충당금'(을)으로 충당(사용)하고, 대손충당금이 부족하거나 설정되어 있지 않은 경우에는 '대손상각비'계정으로 처리한다.

구분	거래내용	차변	대변
(1)	거래처 파산으로 외상매출금 300원이 회수 불능되다. 단, 대손충당금 잔액은 없다.	대손상각비 300	외상매출금 300
(2)	거래처 파산으로 외상매출금 300원이 회수 불능되다. 단, 대손충당금 잔액은 500원	대손충당금 300	외상매출금 300
(3)	거래처 파산으로 외상매출금 300원이 회수 불능되다. 단, 대손충당금 잔액은 100원	대손충당금 100 대손상각비 200	외상매출금 300

④ 대손처리한 채권의 회수

당기에 대손처리한 채권이 회수되면 대손시 회계처리한 '대손상각비' 또는 '대손충당금'을 환원시킨다. 전기에 대손처리한 채권이 회수되면 대손상각비는 전기에 이미 손익계정에 반영하여 마감하였으므로 모두 대손충당금으로 환원한다.

구분	거래내용	차변	대변
(1)	당기에 대손처리한 외상매출금 300원이 현금으로 회수되다. 〈대손시 회계처리〉 (차) 대손충당금 200 (대) 외상매출금 300 대손상각비 100	현금 300	대손충당금 200 대손상각비 100
(2)	당기에 대손처리한 외상매출금 300원이 현금으로 회수되다. 〈대손시 회계처리〉 (차) 대손충당금 300 (대) 외상매출금 300	현금 300	대손충당금 300
(3)	전기에 대손처리한 외상매출금 200원이 현금으로 회수되다.	현금 200	대손충당금 200

직무능력평가 1-14

1. 다음 거래를 분개하시오.

(1) 결산시 매출채권 잔액 1,000원에 대하여 3%의 대손을 예상하다. 단, 대손충당금 잔액은 없다.

(2) 결산시 매출채권 잔액 1,000원에 대하여 3%의 대손을 예상하다. 단, 대손충당금 잔액 20원이 있다.

(3) 결산시 매출채권 잔액 1,000원에 대하여 3%의 대손을 예상하다. 단, 대손충당금 잔액 50원이 있다.

| 풀이 |

구분	차변		대변	
	계정과목	금액	계정과목	금액
(1)				
(2)				
(3)				

2. 다음 거래를 분개하시오.

(1) 거래처 파산으로 외상매출금 500원이 회수불능되다. 단, 대손충당금 잔액은 없다.

(2) 거래처 파산으로 외상매출금 500원이 회수불능되다. 단, 대손충당금 잔액은 700원

(3) 거래처 파산으로 외상매출금 500원이 회수불능되다. 단, 대손충당금 잔액은 200원

| 풀이 |

구분	차변		대변	
	계정과목	금액	계정과목	금액
(1)				
(2)				
(3)				

3. 다음 거래를 분개하시오.

(1) 당기에 대손처리한 외상매출금 400원이 현금으로 회수되다.

단, 대손시 회계처리 (차) 대손충당금 300 (대) 외상매출금 400
대손상각비 100

(2) 당기에 대손처리한 외상매출금 400원이 현금으로 회수되다.

단, 대손시 회계처리 (차) 대손충당금 400 (대) 외상매출금 400

(3) 전기에 대손처리한 외상매출금 100원이 현금으로 회수되다.

| 풀이 |

구분	차변		대변	
	계정과목	금액	계정과목	금액
(1)				
(2)				
(3)				

9) 유형자산과 무형자산

① 유형자산의 취득

유형자산은 재화의 생산, 용역의 제공, 타인에 대한 임대 또는 자체적으로 사용할 목적으로 보유하는 물리적 형체가 있는 자산으로서, 기업경영 활동에 있어서 장기간(1년 초과) 사용되는 토지, 건물, 비품, 구축물, 기계장치, 선박, 차량운반구, 건설중인자산 등을 말한다. 유형자산을 구입할 때에는 구입시 부대비용(취득세, 운반비, 설치준비비, 시운전비 등)을 포함해서 취득원가로 계상하여야 한다.

구분	거래내용	차변	대변
(1)	건물 800원을 구입하고, 대금은 구입수수료 40원, 취득세 10원과 함께 현금으로 지급하다.	건물 850	현금 850

② 유형자산의 감가상각

토지와 건설중인자산을 제외한 건물, 비품, 기계장치, 차량운반구 등의 유형자산은 사용하거나 시일의 흐름에 따라 가치가 감소하는데 이를 감가라 하며, 결산시 정해진 감가상각방법에 따라 감가상각비로 계산하여 비용처리한다.

상각방법	1년간 상각금액 계산	장점	단점
정액법	(취득원가－잔존가액)÷내용연수 =1년의 감가상각비	• 계산간단	• 원가배분 불합리 • 조업도 영향 무시
정률법	미상각잔액×정률 =1년의 감가상각비	• 능률가치 반영 • 보수주의에 적합	• 계산복잡 • 구입초기 과중부담
생산량비례법	{(취득원가－잔존가액)÷예상총생산량}×1년의 생산량 =1년의 감가상각비	• 원가배분 합리적	• 구식화 미반영

구분	거래내용	차변	대변
정액법	취득가액 500원, 잔존가액 50원, 내용연수 10년 (500원－50원)÷10년=1년 감가상각비 45원	감가상각비 45	감가상각누계액 45
정률법	취득원가 1,000원, 감가상각누계액 200원, 정률 20% (1,000원－200원)×20%=1년 감가상각비 160원	감가상각비 160	감가상각누계액 160

보충설명

• **미상각잔액**

미상각잔액은 유형자산의 취득가액에서 상각액(감가상각누계액)을 차감한 잔액을 말한다. 즉, 장부가액을 말한다.

• **감가상각비의 기록방법**

㉠ 직접법: 감가상각비를 유형자산에서 직접 차감하는 방법을 말한다.

㉡ 간접법: 감가상가비를 유형자산에서 직접 차감하지 않고, 감가상각누계액을 계정을 설정하여 해당 유형자산에서 차감하는 형식(차감적 평가계정)으로 기록하는 방법을 말한다. 회계기준이 요구하는 방법이다.

• **월할상각**

유형자산을 회계기간에 취득하거나 처분할 경우, 당해 회계기간의 감각상각은 월단위(1월 미만은 1월로 함) 사용기간만큼만 계산하여 손익에 반영한다.

$$\text{사용기간 감가상각비(월할상각비)} = \text{1년의 감가상각비} \times \frac{\text{사용기간 월수}}{\text{12개월}}$$

③ 자본적지출과 수익적지출

유형자산과 관계된 지출내용에 따라 자본적지출과 수익적지출로 구분하고 자본적지출은 해당유형자산의 장부가를 증가시키고 수익적지출은 수선비를 발생시키는 회계처리를 한다.

자본적지출과 수익적지출 비교

구분	지출내용	회계처리방법
자본적지출	•지출효과가 장기적인 지출 •유형자산의 가치증가가 있는 지출 •내용연수가 연장되는 지출	자산(유형자산) 처리
수익적지출	•지출효과가 단기적인 지출 •유형자산을 원상회복하는 지출 •유형자산의 능률을 유지하는 지출	비용(수선비) 처리

구분	거래내용	차변		대변	
(1)	건물에 820원의 승강기를 설치하고 대금을 현금으로 지급하다.	건물	820	현금	820
(2)	건물 유리창이 파손되어 이를 보수하고 현금 90원을 지급하다.	수선비	90	현금	90

④ 유형자산의 처분

유형자산을 처분할 때는 장부가액(취득원가－감가상각누계액)을 회계장부에서 제거해야 한다. 즉 해당 유형자산의 취득원가는 대변에서 제거하고, 해당 유형자산 관련 감가상각누계액은 차변에서 제거하여 기록한다. 이렇게 유형자산을 처분해서 장부가액을 제거하는 경우, 장부가액보다 처분가액이 많으면 그 차액은 '유형자산처분이익'계정에, 장부가액보다 처분가액이 적으면 '유형자산처분손실계정'에 기록한다.

구분	거래내용	차변		대변	
(1)	취득원가 500원, 건물감가상각누계액 200원인 건물을 400원의 현금을 받고 처분하다.	건물감가상각누계액 현금	200 400	건물 유형자산처분이익	500 100
(2)	취득원가 700원, 비품감가상각누계액 300원인 비품을 250원의 현금을 받고 처분하다.	비품감가상각누계액 현금 유형자산처분손실	300 250 150	비품	700

⑤ 무형자산

무형자산은 재화의 생산이나 용역의 제공, 타인에 대한 임대 또는 관리에 사용할 목적으로 기업이 보유하고 있으며, 물리적 형체가 없지만 식별가능하고, 기업이 통제하고 있으며, 미래 경제적 효익이 있는(미래에 걸쳐 기업의 수익창출에 기여할) 비화폐성 자산을 말한다. 무형자산의 종류에는 경제적 권리인 영업권과 법률적 권리인 산업재산권, 광업권, 그리고 장기이연비용인 개발비 등이 있다.

무형자산의 상각

구분	내용
기록방법	직접법　예) (차) 무형자산상각비　××× (대) 영업권　×××
상각금액	추정내용연수 동안 체계적인 방법, 체계적인 방법을 사용하기 곤란한 경우 정액법을 사용
추정내용연수	법령이나 계약에 정해진 경우를 제외하고는 20년을 초과할 수 없음.

직무능력평가 1-15

1. 다음 거래를 분개하시오.

(1) 취득원가 500원, 내용연수 10년의 비품을 정액법으로 상각하다. 단, 잔존가액은 없다.

(2) 취득원가 500원, 감가상각누계액 100원의 기계장치를 정률 10%로 정률법에 의해 상각하다.

| 풀이 |

구분	차변		대변	
	계정과목	금액	계정과목	금액
(1)				
(2)				

2. 다음 거래를 분개하시오.

(1) 건물에 800원의 승강기를 설치하고 대금을 현금으로 지급하다.

(2) 건물 외벽의 도색이 훼손되어 이를 보수하고 현금 300원을 지급하다.

| 풀이 |

구분	차변		대변	
	계정과목	금액	계정과목	금액
(1)				
(2)				

3. 다음 거래를 분개하시오.

(1) 건물 1,000원을 구입하고, 대금은 구입수수료 100원, 취득세 400원과 함께 현금으로 지급하다.

(2) 취득원가 1,200원, 비품감가상각누계액 400원인 비품을 1,000원의 현금을 받고 처분하다.

(3) 취득원가 1,300원, 건물감가상각누계액 300원인 건물을 700원의 현금을 받고 처분하다.

| 풀이 |

구분	차변		대변	
	계정과목	금액	계정과목	금액
(1)				
(2)				
(3)				

10) 개인기업의 자본금과 인출금

① 자본금

기업에 출자한 기업주의 자본금액의 증감을 처리하는 계정으로서, 자본금계정 대변에는 출자액과 당기순이익을 기록하며, 자본금계정 차변에는 인출액과 당기손순실을 기록한다.

구분	거래내용	차변		대변	
최초출자	현금 3,000원을 출자하여 상품매매업을 시작하다.	현금	3,000	자본금	3,000
추가출자	기업주가 비품 2,000원을 추가로 현물출자하다.	비품	2,000	자본금	2,000
당기순이익 대체	결산시 당기순이익 500원을 자본금계정에 대체하다.	손익	500	자본금	500
당기순손실 대체	결산시 당기순손실 400원을 자본금계정에 대체하다.	자본금	400	손익	400

② 인출금과 세금과공과

개인기업의 기업주가 개인적으로 현금·상품 등을 소비하는 경우 이것을 인출금계정 차변에 기록한다. 개인기업의 사업소득세(종합소득세)도 기업주 부담이므로 인출금계정 차변에 기록힌다. 결산시 인출금 잔액은 자본금계정에 대체한다. 인출금은 기중에는 자본금의 치감적 평가계정이다. 한편 기업이 부담해야 하는 자동차세, 재산세, 도시계획세, 사업소세 등과 상공회의소회비 등은 세금과공과계정으로 처리한다.

구분	거래내용	차변		대변	
(1)	기업주가 개인용도로 사용하기 위해 소유회사인 강동상사로부터 현금 600원을 인출하다.	인출금	600	현금	600
(2)	위 (1)의 인출금 차변잔액 600원을 정리하다.	자본금	600	인출금	600
(3)	기업주 사업소득세 200원을 현금으로 납부하다.	인출금	200	현금	200
(4)	상공회의소회비 100원을 현금으로 납부하다.	세금과공과	100	현금	100

③ 부가가치세대급금과 부가가치세예수금

상품 등을 매입시 부담한 부가가치세(매입세액)는 부가가치세대급금(자산)계정으로 차변에 회계처리한다(단, 매입세액이 불공제되는 경우에는 부가가치세대급금계정으로 처리하지 않고 해당 자산이나 비용에 가산함). 상품 등의 매출(매각)시에는 상품 등의 대금과 함께 받은 부가가치세(매출세액)는 부가가치세예수금(부채)계정으로 대변에 회계처리한다. 부가가치세 과세기간 종료일(6월 30일, 12월 31일)에는 부가가치세대급금 잔액과 부가가치세예수금 잔액을 서로 상계시켜 부가가치세대급금이 많으면 미수금, 부가가치세예수금이 많으면 미지급금을 발생시켜 납부하거나 환급받는다.

구분		거래내용	차변	대변
상품 등 매입시		상품 300원을 외상으로 매입하다. 부가가치세 10% 별도	매입 300 부가가치세대급금 30	외상매입금 330
상품 등 매출시		상품 500원을 외상으로 매출하다. 부가가치세 10% 별도	외상매출금 550	매출 500 부가가치세예수금 50
납부시	과세기간 종료일	부가가치세 과세기간 종료일 현재 부가가가치세대급금 30원과 부가가치세예수금 50원이 있다.	부가가치세예수금 50	부가가치세대급금 30 미지급금 20
	납부시	위 납부할 부가가치세를 현금으로 납부하다.	미지급금 20	현금 20
환급시	과세기간 종료일	부가가치세 과세기간 종료일 현재 부가가가치세대급금 90원과 부가가치세예수금 50원이 있다.	부가가치세예수금 50 미수금 40	부가가치세대급금 90
	납부시	위 환급받을 부가가치세를 현금으로 환급받다.	현금 40	미수금 40

직무능력평가 1-16

1. 다음 거래를 분개하시오.

(1) 현금 2,000원을 출자하여 전자상거래업을 시작하다.

(2) 기업주가 컴퓨터 1,000원을 추가로 현물출자하다.

(3) 결산시 당기순이익 400원을 자본금계정에 대체하다.

(4) 결산시 당기순손실 300원을 자본금계정에 대체하다.

| 풀이 |

구분	차변		대변	
	계정과목	금액	계정과목	금액
(1)				
(2)				
(3)				
(4)				

2. 다음 거래를 분개하시오.

(1) 기업주가 개인용도로 현금 600원을 인출하다.
(2) 위 (1)의 인출금 차변잔액 600원을 정리하다.
(3) 기업주 사업소득세 500원을 현금으로 납부하다.
(4) 영업용 자동차세 400원을 현금으로 납부하다.

| 풀이 |

구분	차변		대변	
	계정과목	금액	계정과목	금액
(1)				
(2)				
(3)				
(4)				

3. 다음 거래를 분개하시오.

(1) 상품 2,000원(부가가치세 10% 별도)을 외상으로 매입하다.
(2) 상품 3,500원(부가가치세 10% 별도)을 외상으로 매출하다.
(3) 부가가치세 과세기간 종료일 현재 부가가치세대급금 200원과 부가가치세예수금 350원이 있다.
(4) 위 (3)의 납부할 부가가치세를 현금으로 납부하다.
(5) 부가가치세 과세기간 종료일 현재 부가가치세대급금 500원과 부가가치세예수금 420원이 있다.
(6) 위 (5)의 환급받을 부가가치세를 현금으로 환급받다.

| 풀이 |

구분	차변		대변	
	계정과목	금액	계정과목	금액

(5)				
(6)				

11) 주식회사의 자본과 사채

① 주식의 발행

주식발행시 액면가액과 발행가액과의 관계에 따라 이론적으로는 액면발행, 할인발행, 할증발행이 있다.

구분	거래내용	차변	대변
액면(평가)발행 (액면=발행가액)	사업확장을 위해 주식 100주(액면@100원)를 평가발행하고 납입대금은 당좌예입하다.	당좌예금 10,000	자본금 10,000
할증발행 (액면<발행가액)	위 주식 100주를 주당 120원에 할증발행하다.	당좌예금 12,000	자본금 10,000 주식발행초과금 2,000
할인발행 (액면>발행가액)	위 주식 100주를 주당 90원에 할인발행하다.	당좌예금 9,000 주식할인발행차금 1,000	자본금 10,000

보충설명

- **신주발행비**

주식을 발행하면서 발생하는 비용은 주식발행초과금에서 차감하거나 주식할인발행차금에 가산한다.

- **주식할인발행차금**

주식할인발행차금은 자본에서 차감하는 형식(자본조정)으로 표시하며, 발생시점부터 3년 이내에 이익잉여금의 처분항목으로 매기 균등액을 상각한다.

② 사채의 발행

사채발행은 액면가와 발행가의 관계에 따라 이론적으로는 평가발행, 할증발행, 할인발행이 있다. 액면가와 발행가의 차이는 표시이자율과 시장이자율의 차이 때문에 발생한다.

구분	거래내용	차변	대변
액면(평가)발행 (액면=발행가액)	장기자금을 조달하기 위하여 사채 100좌(액면 @500원)를 평가발행하고 납입대금은 당좌예입하다.	당좌예금 50,000	사채 50,000
할증발행 (액면<발행가액)	위 사채 100좌를 좌당 600원에 할증발행하다.	당좌예금 60,000	사채 50,000 사채할증발행차금 10,000
할인발행 (액면>발행가액)	위 사채 100좌를 좌당 450원에 할인발행하다.	당좌예금 45,000 사채할인발행차금 5,000	사채 50,000

3) 사채발행비와 사채할인발행차금 상각

사채발행비는 시체를 발행하기 위하여 소요된 사채의 발행수수료, 사채권의 인쇄비, 기타 사채발행을 위한 비용이다. 사채발행비는 사채할인발행차금에 가산하거나 사채할증발행차금에서 차감한다. 사채할인발행차금은 그 성격이 이자에 해당하므로 이자 지급시와 결산시에 사채할인발행차금을 유효이자율법으로 상각하여 이자비용에 가산한다.

보충설명 ○ 사채할인발행차금 상각

현행 회계기준에서는 사채의 표시(현금)이자 이외에 유효이자율법에 의해 사채할인발행차금을 상각한 금액까지 당기의 이자비용으로 계상하도록 하고 있다. 즉, 사채할인발행차금 상각표를 작성해서 유효이자(사채의 장부가×시장이자율)와 표시이자(사채의 액면×표시이자율)의 차이를 상각하여야 한다(자세한 내용은 상급교재를 참조하여 주기 바란다).

직무능력평가 1-17

1. 다음 거래를 분개하시오.

(1) 사업확장을 위해 주식 500주(액면 @1,000원)를 평가발행하고 납입대금은 당좌예입하다.

(2) 사업확장을 위해 주식 500주(액면 @1,000원)를 주당 1,200원에 할증발행하고 납입대금은 당좌예입하다.

(3) 운영자금 부족으로 주식 500주(액면 @1,000원)를 주당 900원에 할인발행하고 납입대금은 당좌예입하다.

| 풀이 |

구분	차변		대변	
	계정과목	금액	계정과목	금액
(1)				
(2)				
(3)				

2. 다음 거래를 분개하시오.

(1) 장기자금을 조달하기 위하여 사채 30좌(액면 @10,000원)를 평가발행하고 납입대금은 당좌예입하다.

(2) 장기자금을 조달하기 위하여 사채 30좌(액면 @10,000원)를 좌당 12,000원에 할증발행하고 납입대금은 당좌예입하다.

(3) 장기자금을 조달하기 위하여 사채 30좌(액면 @10,000원)를 좌당 9,000원에 할인발행하고 납입대금은 당좌예입하다.

| 풀이 |

구분	차변		대변	
	계정과목	금액	계정과목	금액
(1)				
(2)				
(3)				

Chapter 02

전표 작성

전표 작성하기(능력단위요소)를 위해 필요한 지식, 기술, 태도

구분	필요사항
지식	• 입금 · 출금 · 대체전표에 대한 지식
기술	• 거래 유형별로 전표 작성능력
태도	• 전표를 신속하고 정확하게 작성하려는 태도 • 거래 유형에 대한 정확한 판단력

전표관리와 결산관리

능력단위요소	수행준거(학습목표)
2. 전표 작성하기	2.1 회계상 거래를 현금거래 유무에 따라 사용되는 입금전표, 출금전표, 대체전표로 구분할 수 있다. 2.2 현금의 수입거래를 파악하여 입금전표를 작성할 수 있다. 2.3 현금의 지출거래를 파악하여 출금전표를 작성할 수 있다. 2.4 현금의 수입과 지출이 없는 거래를 파악하여 대체전표를 작성할 수 있다.

2.1 전표제도와 전표구분

학습목표(수행준거)

회계상 거래를 현금거래 유무에 따라 사용되는 입금전표, 출금전표, 대체전표로 구분할 수 있다.

(1) 전표의 뜻

전표란 거래를 분석하여 기록하는 분개장 대용으로 사용하는 일정한 양식의 용지를 말한다. 전표를 그대로 합철하면 분개장이 된다. 실무에서는 분개장을 사용하지 않고 장점이 많은 전표에 의해 원장에 전기하는 경우가 많다. 특히, 기업의 규모가 크고 거래가 빈번한 경우에는 전산회계프로그램을 이용하여 전표내용(분개)을 입력하여 사용하는 것이 일반적이다. 전표는 거래의 승인에 필요한 결재서류로도 쓸 수 있다.

(2) 전표제도

회사규모와 거래유형의 빈도에 따라 다음과 같은 전표제도를 사용한다. 현재 실무에서는 ① 입금전표, ② 출금전표, ③ 대체전표로 구성된 3전표 제도를 주로 사용하고 있다, 회계정보시스템(전산회계프로그램)을 이용하는 경우에는 3전표제도에 상품거래 등의 부가가치세신고와 관련된 거래를 매입・매출전표 메뉴에서 입력하는 방법을 사용하고 있다.

구분		구성전표
전표제도	1전표제도	분개전표
	3전표제도	입금전표, 출금전표, 대체전표
	5전표제도	입금전표, 출금전표, 대체전표, 매입전표, 매출전표

(3) 사용전표의 구분

거래시 현금의 사용 여부에 따라 다음과 같은 전표를 사용한다.

사용전표	사용대상 거래
입금전표	현금의 수입거래(분개시 현금이 차변)시
출금전표	현금의 지급거래(분개시 현금이 대변)시
대체전표	현금의 수입과 지급이 없는 거래(분개시 현금이 없을)시

2.2 입금전표의 작성

학습목표(수행준거)

현금의 수입거래를 파악하여 입금전표를 작성할 수 있다.

입금(현금수입) 거래시 사용하는 전표이다. 입금전표는 적색으로 양식이 인쇄되어 있다.

예제

다음 자료를 분개하고 필요한 전표를 작성하시오.

8월 16일 충북상사에 갑상품 7,000원(14개 @500원)을 현금을 받고 매출하다.

(차) 현금 7,000 (대) 매출 7,000

| 풀이 |

입금전표

No. 1 201×년 8월 16일

검인		담당	

과목	매출	성명	충북상사
적 요			금 액
갑 상품 14개 @500원			7,000
합 계			7,000

2.3 출금전표의 작성

학습목표(수행준거)

현금의 지출(지급)거래를 파악하여 출금전표를 작성할 수 있다.

출금(현금지급) 거래시 사용하는 전표이다. 출금전표는 청색으로 양식이 인쇄되어 있다.

예제

다음 자료를 분개하고 필요한 전표를 작성하시오.

8월 21일 울산상사에서 을 상품 3,000원(10개 @300원)을 현금으로 지급하고 매입하다.

(차) 매입 3,000 (대) 현금 3,000

| 풀이 |

출금전표

No. 2 　　 *201×년 8월 21일* 　　 | 검인 | | 담당 | |

과목	*매입*	성명	*울산상사*
적 요			금 액
을 상품 10개 @300원			*3,000*
합 계			*3,000*

2.4 대체전표의 작성

학습목표(수행준거)

현금의 수입과 지출이 없는 거래를 파악하여 대체전표를 작성할 수 있다.

현금의 입·출금이 없을 때, 사용하는 전표이다. 대체전표는 흑색으로 양식이 인쇄되어 있다. 그리고 거래가 일부는 대체거래고, 일부는 입·출금거래인 경우에는 대체거래분은 대체전표를 사용하고 입·출금부분은 입·출금전표를 사용한다.

예제

다음 자료를 분개하고 필요한 전표를 작성하시오.

8월 26일 동방상사에서 병 상품 4,000원(20개 @200원)을 외상으로 매입하다.

(차) 매입 4,000 (대) 외상매입금 4,000

| 풀이 |

대체전표

No. 3 *201×년 8월 26일*

검인		담당	

계정과목	차변	계정과목	대변
매 입	*4,000*	*외상매입금*	*4,000*
합 계	*4,000*	합 계	*4,000*
적 요	*동방상사에서 병 상품 4,000원(20개 @200원) 매입*		

예제

다음 거래를 두 개의 전표로 작성하시오.

10월 21일 상품 70,000원(을 상품 200개 @350원)을 부산상사에서 매입하고 대금 중 40,000원은 현금으로 지급하고 잔액은 외상으로 하다.

(차) 매입	70,000	(대) 현금	40,000
		외상매입금	30,000

| 풀이 |

출금전표

No. ××　　*201×년 10월 21일*

검인		담당	

과목	*매입*	성명	*부산상사*
적 요			금 액
을 상품 200개 @350원 매입, 일부 현금 잔액은 외상			*40,000*
합 계			*40,000*

대체전표

No. ××　　*201×년 10월 21일*

검인		담당	

계정과목	차변	계정과목	대변
매 입	*30,000*	*외상매입금*	*30,000*
합 계	*30,000*	합 계	*30,000*
적 요	*부산상사에서 을 상품 200개 @350원 매입, 일부 외상, 잔액은 현금*		

보충설명 전산회계프로그램(KcLep)을 이용한 전표내용(분개) 입력방법

전산회계프로그램(KcLep)을 이용할 때, 거래의 분개를 1. 일반전표 입력거래와 2. 매입매출전표 입력거래로 구분하여 입력하여야 한다. 매입매출전표 입력화면에는 부가가치세신고가 필요한 거래를 입력하면 된다. 따라서 일반전표 입력화면에는 매입매출전표 입력거래 이외의 거래들을 입력하면 된다.

1. 일반전표 입력

① 전표내용(분개) 입력화면 준비

프로그램 초기화면에서 [회계관리] → [전표입력] → [일반전표] 입력 메뉴를 선택하면 다음과 같이 분개를 입력하는 화면이 나타난다.

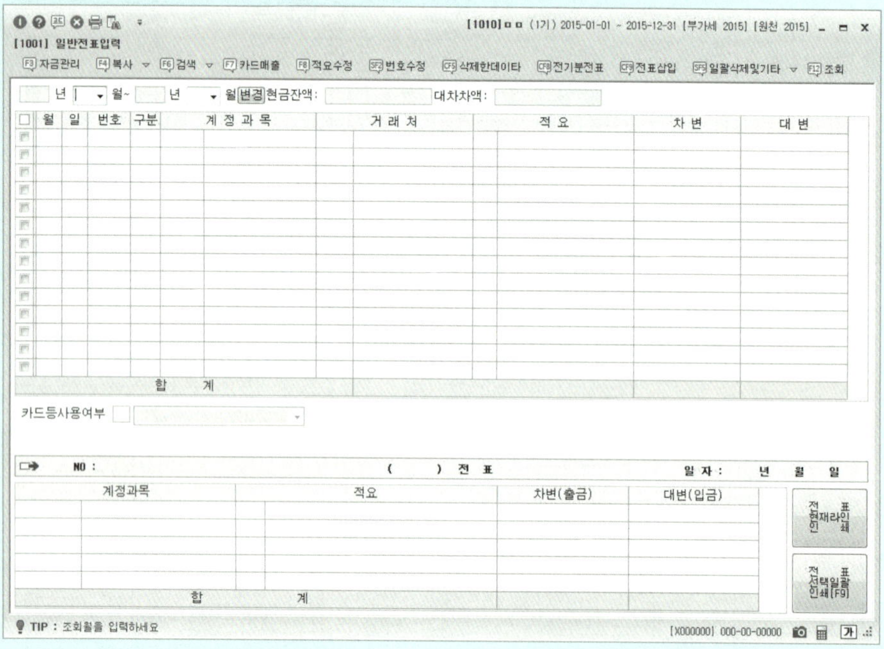

② 분개입력

입력화면에 예시된 거래를 입력하는 방법은 다음과 같다.

예시) 2015년 10월 2일: 업무용 자동차보험료 10,000원을 동부화재 남대문지점에 현금으로 지급하다.

(차) 보험료 10,000 (대) 현금 10,000

1 [연월일] "2015년 10월 2일"을 입력하고

2 [구분] 출금전표를 뜻하는 "1"을 입력하고 Enter↵

[전표구분] "1"－출금전표, "2"－입금전표, "3"－대체전표 차변, "4"－대체전표 대변

3 [계정과목] "보" 또는 "보험"을 입력하고 Enter↵ 후 나타난 표준계정과목 중 선택하거나, "보험료의 계정과목코드"를 직접 입력하고 Enter↵

4 [거래처] 사전 등록된 "거래처코드"를 입력하거나, "거래처명칭"을 직접 입력후 Enter↵

5 [적요] "해당 적요란"에 마우스 클릭후 〈화면하단의 표준적요〉에서 번호선택을 하거나, 적요내용을 "자동차보험료 납부'로 직접 입력후 Enter↵

6 [차변] "10,000"원의 금액을 입력후 Enter↵
([대변]은 출금전표 선택으로 입력불필요)

7 화면하단의 (출금)전표가 보이면 분개처리 내용을 최종 확인후, "전표 현재라인 인쇄"를 클릭하여 전표 출력후 결재서류로 활용

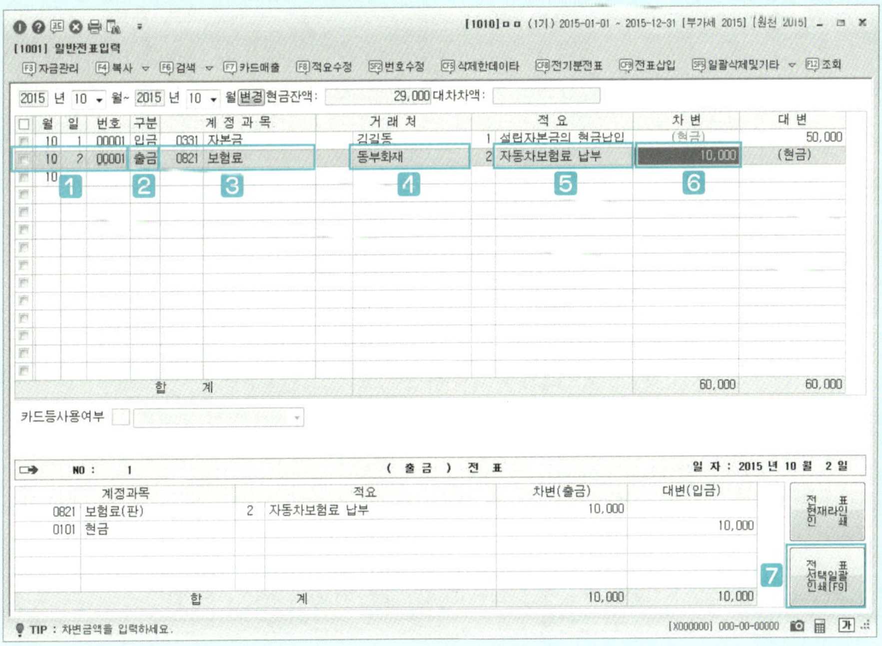

*10월 1일 설립자본금의 현금납입거래는 이미 입력된 상태임.

2. 매입·매출전표 입력

① 전표내용(분개) 입력화면 준비

프로그램 초기화면에서 [회계관리]→[전표입력]→[매입매출전표] 입력 메뉴를 선택하면 다음과 같이 분개를 입력하는 화면이 나타난다.

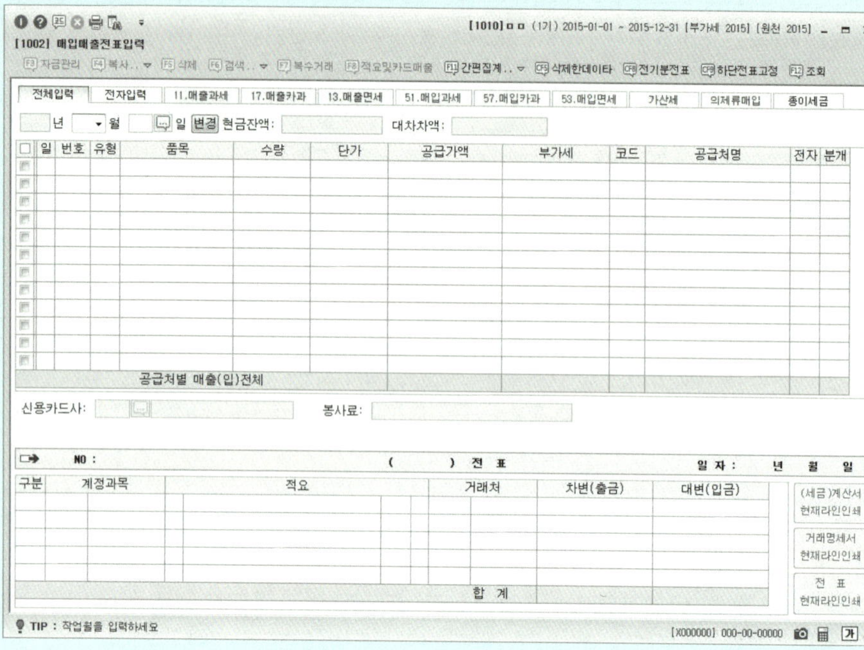

② 분개입력

입력화면에 예시된 거래를 입력하는 방법은 다음과 같다.

예시) 영등포상사로부터 A상품 10개 단가 100원(부가가치세 별도)을 매입하고 세금계산서를 교부받다.

(차)	상품(매입)	1,000	(대) 외상매입금	1,000
	부가가치세대급금	100	현금	100

1 [연월일] "2015년 10월 8일"을 입력하고 Enter↵

2 [유형] 과세매입(일반매입세금계산서 수취) 뜻하는 "51"을 입력하고 Enter↵

> [유형구분] "11"–과세매출, "12"–영세율매출, ...
> "24"–수출관련 현금매출, "51"–과세매입, "52"–영세율매입, ...
> "60"–현금영수증으로 면세매입

3 [품목] [수량] [단가] [공급가액] [부가(가치)세] [공급처명] [사업자(주민)번호] 거래증빙에 표시된 사항대로 입력 Enter↵

4 [분개] 현금과 외상거래, 카드결제가 "혼합"된 거래를 뜻하는 "3"을 입력하고 Enter↵

> [분개유형] "1"–분개없음, "2"–외상, "3"–혼합, "4"–카드

5 [계정과목] 하단의 "(대체)전표"가 나타나면 "일반전표" 입력방식으로 입력 후 Enter↵

6 화면하단의 (대체)전표가 보이면 분개처리 내용을 최종 확인후, "전표 현재라인 인쇄"를 클릭하여 전표 출력후 결재서류로 활용

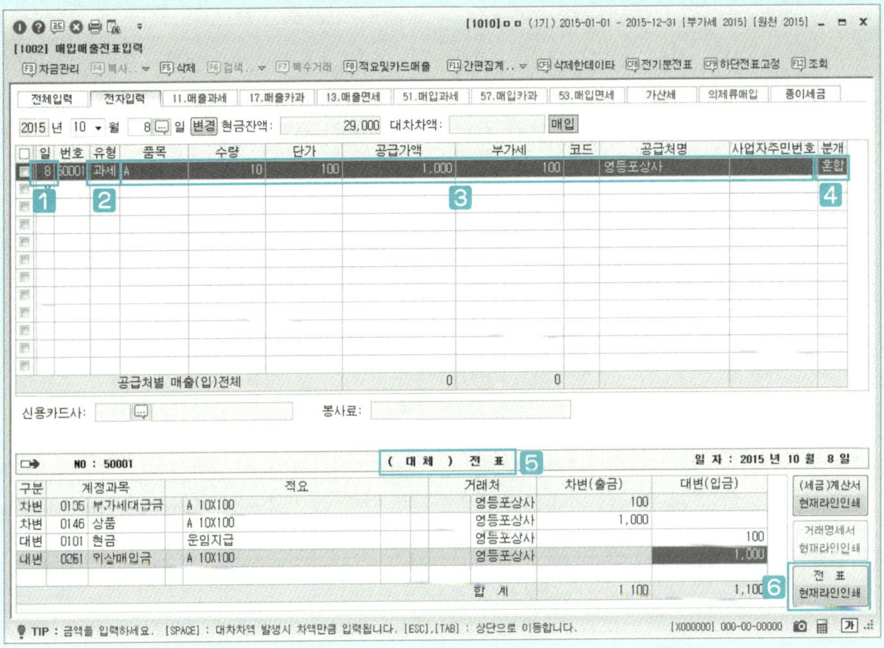

직무능력평가 2-1

1. 다음 거래를 분개하여 3전표제도에 의하여 필요한 전표에 기록하시오.

10월 10일 경기상사에서 갑 상품 2,000원(50개 @40원)을 현금을 지급하고 매입하다.

10월 15일 위 매입한 갑 상품 중 20개를 1,200원(@60원)의 현금을 받고 전북상사에 매출하다.

10월 20일 위 매입한 갑 상품 중 나머지 30개를 2,100원(@70원)에 외상으로 제주상사에 매출하다.

| 풀이 |

구분	차변		대변	
	계정과목	금액	계정과목	금액
(1) 10월 10일				
(2) 10월 15일				
(3) 10월 20일				

출금전표

No. ______ 201×년 월 일

검인		담당	

과목		성명	
적 요			금 액
합 계			

입금전표

No. ______ 201×년 월 일

검인		담당	

과목		성명	
적 요			금 액
합 계			

대체전표

No. ______ 201×년 월 일

검인		담당	

계정과목	차변	계정과목	대변
합 계		합 계	
적 요			

2. 다음 거래를 두 개의 전표로 작성하시오.

11월 23일 상품 80,000원(을 상품 200개 @400원)을 오산상사에 매출하고 대금 중 50,000원은 현금으로 받고 잔액은 외상으로 하다.

| 풀이 |

구분	차변		대변	
	계정과목	금액	계정과목	금액
11월 23일				

( )전표

No. 1-1 201×년 월 일

검인		담당	

과목		성명	
적 요			금 액
합 계			

대체전표

No. 1-2 201×년 월 일

검인		담당	

계정과목	차변	계정과목	대변
합 계		합 계	
적 요			

Chapter 03

증빙서류 관리

증빙서류 관리하기(능력단위요소)를 위해 필요한 지식, 기술, 태도

구분	필요사항
지식	• 증빙서류 종류 • 증빙서류 관리 관련규정
기술	• 증빙서류를 처리하는 능력
태도	• 신속정확성 • 판단력 • 증빙서류 관련규정을 순수하는 태도

전표관리와 결산관리

능력단위요소	수행준거(학습목표)
3. 증빙서류 관리하기	3.1 발생한 거래에 따라 필요한 관련서류 등을 확인하여 증빙 여부를 검토할 수 있다. 3.2 발생한 거래에 따라 관련규정을 준수하여 증빙서류를 구분・대조할 수 있다. 3.3 증빙서류 관련규정에 따라 제 증빙자료를 관리할 수 있다.

3.1 증빙

학습목표(수행준거)

발생한 거래에 따라 필요한 관련서류 등을 확인하여 증빙 여부를 검토할 수 있다.

(1) 증빙의 의의

증빙이란 해당 기업(사업자)이 다른 기업(사업자) 등과 거래를 할 때 거래에 대해 증명할 수 있는 서류를 말한다. 증빙은 세법에서 증빙으로 인정하는 법정지출증빙(적격증빙)과 인정하지 않는 비법정지출증빙(비적격증빙)이 있다. 법정지출증빙에는 세금계산서, 계산서, 신용카드매출전표, 현금영수증(사업자지출증빙용) 등이 있으며, 비법정지출증빙에는 거래명세서, 입금표, 지출결의서 등이 있다.

(간이)영수증은 지출금액이 3만원 이하인 경우에는 법정지출증빙이 되지만, 3만원을 초과하는 경우에는 비법정지출증빙에 해당하게 된다. 법정지출증빙이 아니어도 장부에 기장은 할 수 있으나, 장부에 기록된 내용이 사실인지 여부가 확인되지 않으므로 원칙적으로 지출사실을 인정받을 수 없다. 다만, 복잡한 절차를 통해 다른 증빙으로 지출사실을 소명한 경우에는 비용 등으로는 인정되지만, 이 경우에도 매입세액 불공제, 가산세 등의 불이익은 발생한다.

(2) 법정지출증빙(적격증빙)

1) 법정지출증빙의 의의

법인과 개인사업소득자가 다른 사업자로부터 건당 거래금액이 3만원(접대비는 1만원)을 초과하는 재화 또는 용역을 공급받고 그 대가를 지급한 경우에는 법정지출증빙(세금계산서, 계산서, 신용카드매출전표, 현금영수증 등)을 수취하여 5년간 보관하여야 한다.

2) 법정지출증빙의 종류

① 세금계산서

사업자가 물건을 공급할(팔) 때 공급받는 자에게 부가가치세를 거래징수하고 부가가치세법에 따라 발행하는 영수증을 말한다. 세금계산서는 다음의 필요적 기재사항이 누락되거나 사실과 다른 경우에는 원칙적으로 세금계산서로서 효력이 인정되기 어렵다. 즉 매입세액공제를 받을 수가 없으며 가산세를 물어야 한다. 필요적 기재사항 이외의 기재사항인 공급품목, 단가와 수량, 거래의 종류 등의 임의적 기재사항은 세금계산서 효력에는 아무런 영향을 미치지 않는다.

〈세금계산서 필요적 기재사항〉

① 공급하는 사업자의 등록번호, 성명 또는 명칭(상호, 법인명)
② 공급받는자의 등록번호
③ 공급가액, 부가가치세액
④ 작성연월일

세금계산서	(공급받는자 보관용)	책번호	권	호
		일련번호		

공급자	등록번호	333-12-45612		공급받는자	등록번호	123-45-67890	
	상호(법인명)	㈜서울	성명: 홍길동		상호(법인명)	㈜부산	성명: 이순신 인
	사업장주소	서울시 봉천동 729-24 우성캐릭터 그린빌 1216호			사업장주소	부산시 동래구 수연동 41-6 삼문빌딩 4층	
	업태	도매 서비스	종목: 컴퓨터판매 및 프로그램개발 외		업태	도매 서비스	종목: 컴퓨터 판매

작성 년	월	일	공란수	공급가액 조	천	백	십	억	천	백	십	만	천	백	십	일	세액 천	백	십	억	천	백	십	만	천	백	십	일	비고
04	11	1	7										9	0	9	1										9	0	8	

월	일	품목	규격	수량	단가	공급가액	세액	비고
11	1	잉크		1	10,000	9,091	909	

합계금액	현금	수표	어음	외상미수금	이 금액을 영수 함
10,000					

보충설명 ○ 세금계산서

• 전자세금계산서

전자세금계산서는 공급자가 종이세금계산서 대신에 인터넷(홈텍스사이트) 등 전자적인 방법에 의해 작성 · 발급하는 세금계산서를 말한다. 전자세금계산서는 그 발행내역을 국세청에 전송함으로써 종이세금계산서의 발행에 따른 납세협력비용을 절감하고 사업자 간 거래의 투명성을 제고하는 장점이 있다. 전자세금계산서의 의무발급자는 법인사업자와 직전연도의 사업장별 공급가액 3억원 이상인 개인사업자이다. 이들은 의무적으로 전자세금계산서를 발급해야 하고 그 밖에 개인사업자는 선택에 의해 전자세금계산서를 발급할 수 있다.

• 매입자발행세금계산서

제조 · 도매업자 등 세금계산서 발행대상 사업자가 재화 또는 용역을 공급한 후 세금계산서를 발급하지 않은 경우에 공급받는자가 관할세무서장의 확인을 받아 발행하는 세금계산서를 말한다. 따라서 매입자발행세금계산서는 수기로만 발행할 수 있다.

부가가치세법에 따르면 납세의무자로 등록한 사업자가 재화 또는 용역을 공급(판매)할 때 사업자등록번호 등을 명기한 세금계산서를 공급받는자(구매자)에게 교부토록 규정하고 있다.

• 역발행세금계산서

전자세금계산서 발행시 공급자(매출자)가 아닌 공급받는자(매입자)가 세금계산서를 작성하여 공급자에게 보내면 공급자가 확인하여 발행되는 세금계신서를 말한다.

| 실무상식 |

■ 사업자로부터 재화나 용역을 공급받고 세금계산서(계산서)를 교부받는 경우에는 거래명세서와 송금영수증 등을 함께 보관하는 것이 좋다. 세금계산서(계산서)의 경우 실제 거래 없이 세금계산서가 수수되는 경우도 많아 과세관청에서 실제 거래인지 여부에 대한 입증자료를 요청하는 경우가 종종 있기 때문이다.

■ 최근에는 전자세금계산서를 교부받는 경우가 많다. 이 경우에는 이를 굳이 출력하여 보관할 필요는 없으나 이 경우에도 거래명세서는 거래상대방으로부터 수취하여 보관하는 것이 좋다.

■ 지로영수증은 국세청의 승인을 받고 부가가치세가 별도표기되고 공급받는 자가 표기된 지로영수증은 세금계산서로 동일하게 취급한다. 다만, 세금계산서를 미리 받고 지로영수증을 대금결제용으로만 사용한 경우에는 입금표에 해당한다.

■ 세금계산서에 준하는 청구서로서 국세청의 승인을 받고 부가가치세가 별도표기되고 공급받는 자가 표기된 전기, 전화, 휴대폰, 정보통신이용료 등의 요금청구서는 세금계산서와 동일하게 취급한다.

② 계산서

계산서는 면세사업자가 부가가치세 과세대상이 아닌 품목(면세)에 대한 공급을 할 때 부가가치세 없이 공급가액만 기재되어 발행되어진 증빙이다. 계산서는 소득세나 법인세의 납세의무가 있는 사업자만이 교부할 수 있으며, 다음의 필요적 기재사항이 누락되거나 사실과 다른 경우에는 증빙불비가산세가 적용된다.

〈계산서 필요적 기재사항〉

① 공급하는 사업자의 등록번호, 성명 또는 명칭(상호, 법인명)

② 공급받는 자의 등록번호*와 성명 또는 명칭

③ 공급가액

④ 작성연월일

※ 공급받는자가 사업자가 아니거나 등록한 사업자가 아닌 경우에는 고유번호 또는 주민등록번호

(청 색)

<table>
<tr><td colspan="8">계산서(공급받는자 보관용)</td><td>승인번호</td><td></td></tr>
<tr><td rowspan="4">공급자</td><td>등록번호</td><td>116-81-67948</td><td>사업장번호</td><td></td><td rowspan="4">공급받는자</td><td>등록번호</td><td>106-81-64897</td><td>사업장번호</td><td></td></tr>
<tr><td>상호(법인명)</td><td>(주)부자리스</td><td>성명(대표자)</td><td>이부자</td><td>상호(법인명)</td><td>(주)워드상사</td><td>성명(대표자)</td><td>김준하</td></tr>
<tr><td>사업장 주소</td><td colspan="3">서울 영등포구 국제금융로 138</td><td>사업장 주소</td><td colspan="3">서울 용산구 새창로12</td></tr>
<tr><td>업태</td><td>금융 및 보험</td><td>종목</td><td>리스</td><td>업태</td><td>도소매</td><td>종목</td><td>컴퓨터</td></tr>
<tr><td colspan="2">비고</td><td colspan="3"></td><td colspan="3">수정사유</td><td colspan="2"></td></tr>
<tr><td colspan="2">작성일자</td><td colspan="3">2015. 12. 15</td><td colspan="2">공급가액</td><td colspan="3">2,300,000</td></tr>
</table>

월	일	품목	규격	수량	단가	공급가액	비고
12	15	차량3058				2,300,000	

<table>
<tr><td>합계금액</td><td>현금</td><td>수표</td><td>어음</td><td>외상미수금</td><td rowspan="2">이 금액을 청구 함</td></tr>
<tr><td>2,300,000</td><td></td><td></td><td></td><td>2,300,000</td></tr>
</table>

보충설명 ∘ 전자계산서

계산서도 전자세금계산서와 같이 종이계산서 대신에 인터넷(홈텍스사이트) 등 전자적인 방법에 의해 작성 · 발급하면 전자계산서라 한다. 전자계산서의 의무발급자는 법인사업자와 직전연도의 사업장별 공급가액 3억원 이상인 개인사업자(과 · 면세사업 겸업자 포함), 전년도 수입(과세+면세)금액이 10억원 이상인 개인사업자이다.

| 실무상식 |

계산서는 매입증빙자료로 중요한 역할을 한다. 부가가치세 부담이 없기 때문에 중요하게 생각되지 않지만 음식점의 경우 의제매입세액공제를 받을 수 있기 때문에 거래처에서 계산서를 챙기는 것은 부가가치세 신고기간이 다가와서 챙기기보다는 미리미리 챙겨서 부가세 신고기간에 누락하는 일이 없어야 한다. 대부분 사람들이 세금계산서와 계산서의 차이를 잘 모르는 경우가 많다. 세금계산서는 부가세를 10% 부담한 것을 증명하는 법정증빙이고 계산서는 부가가치세가 없이 매입한 자료를 증빙히는 서류이다. 이런 계산서는 대부분 야채나 정육 등 부가가치세를 부담하지 않는 사업자가 발행하는 증빙서류이다.

③ 신용카드매출전표

신용카드매출전표는 신용카드발행업자와 신용카드에 의한 신용거래를 약정한 사업자(이하 신용카드가맹사업자라 한다)가 신용카드를 발급받은 자에게 재화 또는 용역을 공급하고 교부하는 매출표를 말한다(직불카드, 체크카드, 외국에서 발행된 신용카드 및 기명식선불카드 포함).

| 실무상식 |

- 가급적 신용카드를 사용하면 별도로 신용카드매입전표를 보관할 필요가 없으며 신용카드이용대금명세서를 보관하는 것으로 증빙수취에 갈음할 수 있다. 다만, 신용카드매입전표로 매입세액공제를 받아야 할 경우에는 신용카드매입전표를 수취하여 보관하여야 한다.
- 개인사업자의 경우 현금영수증 홈페이지에서 사업자가 사용하는 카드를 등록할 수 있다. 이후 이를 부가가치세 신고시 매입세액공제자료로 활용할 수 있으며, 지출사실을 입증하는 지출증빙으로도 활용할 수 있다.

- 법인사업자의 경우에는 별도 등록과정 없이 법인카드의 사용내역을 현금영수증 홈페이지를 통해 조회할 수 있고 이를 부가가치세 신고 또는 지출증빙으로 활용할 수 있다.
- 신용(직불)카드의 매입전표를 교부받는 경우에는 원칙적으로 세금계산서를 교부받을 수 없다. 다만, 세금계산서를 교부받고 신용(직불)카드를 결제용도로 활용하는 경우에는 중복하여 교부받을 수 있지만 이 경우에도 세금계산서에 의해 매입세액공제를 받아야 하며 신용(직불)카드 등에 의해 중복해서 매입세액공제를 받을 수는 없다.

자료 1.

매 출 전 표

카드 종류	거래일자
현대카드	2014.7.14.13:25:53
카드번호(CARD NO)	
9410-5114-****-8512	

승인번호		금액 AMOUNT	7	5	0	0	0	0
30010947		부가세 VAT		7	5	0	0	0
일반	할부	봉사료 CASHBACK						
일시불	컴퓨터	합계 TOTAL	8	2	5	0	0	0
거래유형								
신용승인								

(단위: 백, 천, 원)

가맹점명	
빛나전자	
대표자명	사업자번호
황수민	105-23-66873
전화번호	가맹점번호
02-882-2456	001234123
주소	
서울 마포구 상개로7	

상기의 거래 내역을 확인합니다. 서명 (주) 한신산업

자료 2.

신용카드매출전표

가맹점명	오정주유소
사업자번호	128-65-35524
대표자명	허태평
주소	경기도 부천시 오정구 부천로12
삼성카드	신용승인
거래일시	2014-07-16 오전 11:08:04
카드번호	9410-3256-****-6834
유효기간	**/**
가맹점번호	133501447

매입사: 삼성카드사(전자서명전표)

상품명(주유기)	단가	수량	금액
경유(06)	1,678 ×	71,513	120,000
과세금액			109,091원
부가세액			10,909원
합계			120,000원

④ 현금영수증

현금영수증은 현금영수증가맹점이 재화나 용역을 공급하고 그 대금을 현금으로 받는 경우 당해 재화 또는 용역을 공급받는 자에게 현금영수증 발급장치에 의해 발행된 증빙으로서 거래일시, 품목, 금액 등 결재내역이 기록된다. 이러한 현금영수증이 법정지출증빙으로 인정받기 위해서는 현금영수증을 받을 때 '사업자 지출증빙용 현금영수증'을 받아야 한다. 다만, '소득공제용 현금영수증'을 받은 경우에도 사업과 관련하여 지출되었음을 입증하여 법정지출증빙으로 사용할 수 있다.

자료 3.

현금영수증
(지출증빙용)

사업자등록번호 :214-09-12321 박우태
사업자명 :미래문구
단말기ID :73453259(tel:02-345-4546)
가맹점주소 :서울 강남구 테헤란로 27길 15

현금영수증 회원번호
120-81-21410 (주)한신산업
승인번호 :83746302 (PK)
거래일시 :2014년 7월 30일 16시28분21초

공급금액	136,364원
부가세금액	13,636원
종합계	150,000원

휴대전화, 카드번호 등록
http://현금영수증.kr
국세청문의(126)
38036925-GCA10106-3870-U490
《《《《《이용해 주셔서 감사합니다.》》》》》

보충설명 ● 현금영수증 발급의무 대상자

다음의 업종을 영위하는 사업자로서 현금영수증가맹점으로 가입한 사업자는 건당 10만원 이상(부가가치세 포함)인 재화나 용역을 공급하고 그 대금을 현금으로 받은 경우에는 상대방이 현금영수증 발급을 요청하지 않아도 현금영수증을 발급하여야 한다.

구분	사업의 종류
(전문) 사업서비스업	변호사업, 회계사업, 세무사업, 변리사업, 건축사업, 법무사업, 심판변론인업, 경영지도사업, 기술지도사업, 감정평가사업, 손해사정인업, 통관업, 기술사업, 도선사업, 측량사업, 공인노무사업
보건업	종합병원, 일반병원, 치과병원, 한방병원, 일반의원, 기타의원, 치과의원, 한의원, 수의업
기타업종	일반교습학원, 예술학원, 골프장업, 장례식장업, 예식장업, 부동산중개업, 일반유흥점업, 무도유흥주점업, 산후조리원, 시계 및 귀금속소매업, 피부미용업, 다이어트센터 등 기타 미용관련 서비스업, 실내건축 및 건축마무리 공사업(도배만 영위하는 경우 제외), 인물사진 및 행사용비디오 촬영업(결혼사진 및 비디오 촬영업으로 한정), 맞선주선 및 결혼상담업, 의류임대업, 이사화물운송주선사업(포장이사운송업 한정), 자동차부품 및 내장품판매업, 종합수리업, 자동차전문수리업

* 다만, 현금영수증 발급의무대상자가 세금계산서 또는 계산서를 발급한 경우에는 현금영수증을 발급하지 아니할 수 있다.

| 실무상식 |

- 현금영수증 수취시 '사업자 지출증빙용 현금영수증카드' 또는 사업자등록번호를 제시하여 '사업자 지출증빙용 현금영수증'을 받도록 해 법정지출증빙으로 한 번에 인정받도록 한다.
- 현금영수증 사이트에서 사업자로 회원가입을 할 경우 지출증빙으로 교부받은 현금영수증의 사용내역을 일괄하여 조회할 수 있으며, 이 자료는 부가가치세 매입세액 공제자료로 활용하거나 지출사실을 입증하는 증빙으로 활용할 수 있다.
- 현금영수증을 교부받은 경우에는 현금영수증전표를 별도 보관하지 않아도 현금영수증에서 조회되는 지출내역을 지출증빙으로 사용할 수 있어 편리하다.

(3) 비법정지출증빙(비적격증빙)

1) 비법정지출증빙의 의의

비법정지출증빙은 이름에서도 알 수 있듯이 법정지출증빙과 반대되는 개념으로 세법에서 인정해주지 않는 증빙을 말하며, 판매처와 구매처가 서로 물건을 주고받고 돈을 지불했다는 외부 거래사실을 증명해 주는 증빙을 의미한다. 법정지출증빙으로는 인정을 받지 못하나 세무조사 등 지출 사실에 대한 소명자료 요구 시에는 소명자료가 될 수 있으므로, 비법정지출증빙도 반드시 날짜별로 챙겨서 보관하여야 한다. 부가가치세법에서 규정하고 있는 3만원 이내 지출의 영수증을 제외한 거래명세서, 지출결의서, 입금표 등은 법정지출증빙이 아니므로 법적으로 양식이 정해져 있지 않다.

2) 비법정지출증빙의 종류

① (간이)영수증

간이과세자와 일반과세자 중 대통령령으로 정하는 사업자(주로 사업자가 아닌 자에게 재화 또는 용역을 공급하는 사업자)는 세금계산서 대신에 공급받는 자의 등록번호와 부가가치세액이 기재되지 않은 증빙(약식 계산서)을 발행하는데 이를 (간이)영수증이라 한다. 영수증은 접대비를 제외한 지출 중 거래 건당 3만원 이내의 지출은 지출사실을 법적으로 인정받지만, 3만원을 초과한 영수증 수취시 가산세 대상이 된다. 다만,

3만원 초과한 영수증을 수취하였을 경우 사실관계가 확인된다면 비용처리는 가능하다. 접대비의 경우에는 건당 1만원 이내의 지출은 영수증으로 그 지출사실을 입증할 수 있으나, 1만원을 초과하는 지출의 경우 영수증은 접대비로 인정을 받을 수 없다. 따라서 접대비의 경우에는 필히 신용카드나 현금영수증을 사용하는 것이 좋다.

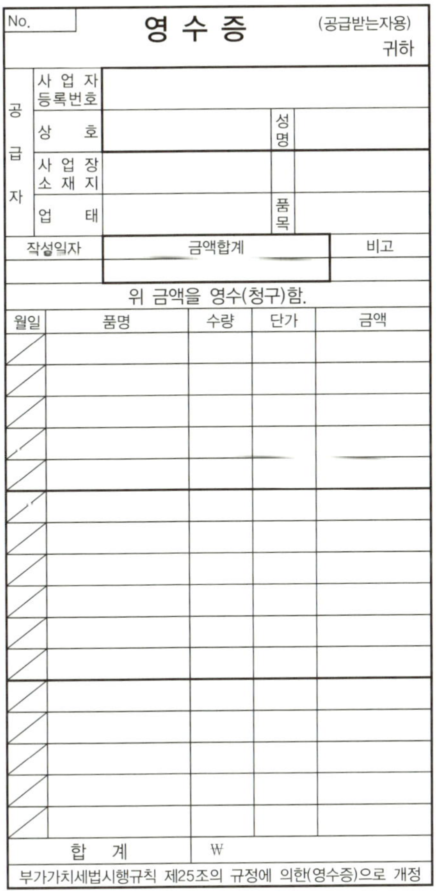

No. 영 수 증 (공급받는자용)

귀하

공급자	사업자등록번호			
	상호		성명	
	사업장소재지			
	업태		품목	

작성일자	금액합계	비고

위 금액을 영수(청구)함.

월일	품명	수량	단가	금액
합계	₩			

부가가치세법시행규칙 제25조의 규정에 의한(영수증)으로 개정

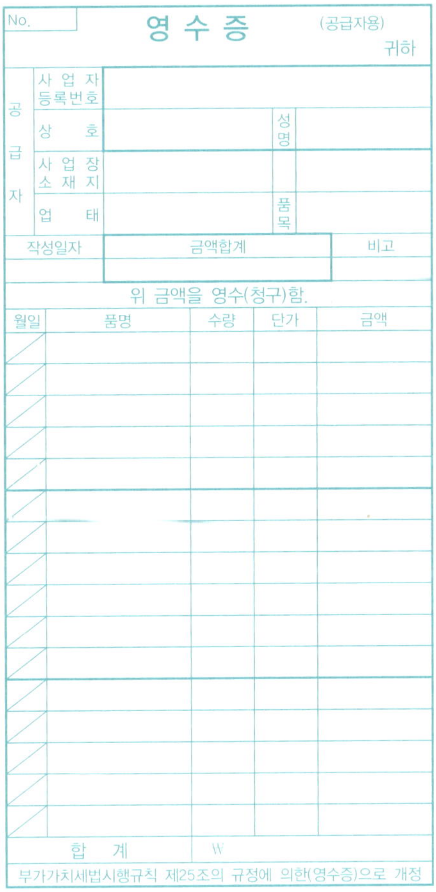

No. 영 수 증 (공급자용)

귀하

공급자	사업자등록번호			
	상호		성명	
	사업장소재지			
	업태		품목	

작성일자	금액합계	비고

위 금액을 영수(청구)함.

월일	품명	수량	단가	금액
합계	₩			

부가가치세법시행규칙 제25조의 규정에 의한(영수증)으로 개정

② 거래명세서(거래내역서)

일반적으로 상품 등의 매매는 세금계산서 등의 법정지출증빙을 교부 또는 수취해야 한다. 그러나 세금계산서나 계산서, 영수증 등에는 거래내역을 상세히 기록하는 것이 불가능하므로 세부적인 거래내역이나 사실을 뒷받침할 거래명세서를 작성하는 경우가 있다. 거래명세서는 거래처와의 거래사실을 확인하는 증빙이나 법적인 구속력을 갖는 것은 아니므로 반드시 법정지출증빙을 거래명세서와 함께 수취하여야 한다.

거 래 명 세 서

귀하

아래와 같이 거래합니다.

등록번호			
상호		성명	
사업장주소			
업태		종목	

합계금액 : 원(₩)
(공급가액)

월일	품명	규격	수량	단가	공급가액	세액	비고
합계							

③ 지출결의서

지출결의서는 자금지출이 예상될 때 그 예상되는 지출에 대해서 회사규정에 의한 결정권자의 결재를 맡을 때 사용하는 내부관리서류이다. 지출(품의)결의서를 작성한 후 실제로 해당 지출이 발생하면 그에 대한 증빙을 지출결의서에 첨부하여 보관한다.

| 실무상식 |

- 3만원 이하 소액의 비용 지출 시에도 원칙적으로 영수증 등을 수령해야 한다. 그러나 현실적으로 영수증조차 수취할 수 없는 경우(예: 여비교통비 중 택시비나 지하철, 버스요금 등)에는 사용자를 기재하고 해당 부서장이 확인한 지출결의서를 증빙으로 인정받을 수 있다.
- 여러 가지 사유로 세무조사를 받는 경우에 회사의 자금흐름을 소명하는 증빙서류로도 사용된다.

지출결의서

담당	팀장	이사	대표이사

부서	영업부	직책	사원	성명	김길동
지출금액	일금 10,000원				
제목	판매촉진을 위한 거래처 방문		계정과목	여비교통비	

내역	적요	금액			비고
		합계	공급가액	부가가치세	
	금성상사 방문	10,000	–	–	택시 이용
	합계	10,000	0	0	

*입금계좌: 우리은행 1234-5678-0153 (예금주: 길길동)

위 금액을 청구하오니 결재바랍니다.

20×6년 5월 23일

보고인: 정한수

④ **입금표**

입금표는 상대방으로부터 일정액의 돈을 받았다는 사실을 확인해 주는 양식이다. 즉, 외상대출대금을 받거나 물건을 판매한 후 현금을 받을 때 받았다는 것을 확인해주는 사적인 자료이다. 따라서 자금의 지출시 입금표를 받았다고 하더라도 법적지출증빙자료(세금계산서, 신용카드매출전표, 계산서 등)를 받아야 한다.

입 금 표 (공급받는자 보관용)

귀하

공급자	등록번호			
	상호(법인명)		성명	인
	사업장주소			
	업태		종목	

작성			공급가액												세액										비고
년	월	일	공란수	백	십	억	천	백	십	만	천	백	십	일	십	억	천	백	십	만	천	백	십	일	

합계	백	십	억	천	백	십	만	천	백	십	일

내용

보충설명 비법정지출증빙 수취로 인한 불이익

사업자로부터 재화나 용역을 공급받는 공급대가가 3만원을 초과하는 경우 법정지출증빙을 수취하지 않으면 미수취금액의 2%를 법정지출증빙 미수취에 따른 가산세로 부담하게 된다. 또한 법인의 경우, 업무상 목적으로 실제 지출을 하고도 그에 대한 지출증빙을 갖추지 못하는 경우 대표이사가 가져간 것으로 보아 가지급금으로 계상될 수 있으며 이 경우 소득세가 부과되며, 실제 지출사실이 밝혀져도 가산세가 부과된다.

직무능력평가 3-1

1. 다음 ( ) 안에 알맞은 용어를 써 넣으시오.

(1) 법인과 개인사업소득자가 다른 사업자로부터 건당 거래금액이 ( )원, 접대비는 ( )원을 초과하는 재화 또는 용역을 공급받고 그 대가를 지급한 경우에는 법정지출증빙을 수취하여 5년간 보관하여야 한다.

(2) 법정지출증빙은 ( ), ( ), ( ), ( ) 등이다.

(3) 세금계산서는 필요적 기재사항이 누락되거나 사실과 다른 경우에는 원칙적으로 세금계산서로서 효력이 인정되기 어렵다. 필요적 기재사항은 1. 공급하는 사업자의 등록번호, 성명 또는 명칭, 2. ( ) 3. ( )과 ( ) 4. ( )이다.

(4) 현금영수증이 법정지출증빙으로 인정받기 위해서는 현금영수증을 받을 때 "( )용 현금영수증"을 받아야 한다. 다만, "소득공제용 현금영수증"을 받은 경우에도 사업과 관련하여 지출되었음을 입증하여 법정지출증빙으로 사용할 수 있다.

(5) 법정지출증빙으로는 인정을 받지 못하나 세무조사 등 지출 사실에 대한 소명자료 요구 시에는 소명자료가 될 수 있으므로, ( )도 반드시 날짜별로 챙겨서 보관하여야 한다.

| 풀이 |

구분	해답
(1)	
(2)	
(3)	
(4)	
(5)	

2. 다음 물음에 답하시오.

(1) 접대비를 제외한 지출 중 거래 건당 3만원 이내의 지출은 지출사실을 법적으로 인정받지만, 3만원을 초과하여 수취시 가산세 대상이 되는 증빙을 무엇이라 하는가?

(2) 면세사업자가 부가가치세세 과세대상이 아닌 품목(면세)에 대한 공급을 할 때 부가 가가치세 없이 공급가액만 기재되어 발행되어진 증빙을 무엇이라 하는가?

| 풀이 |

구분	해답
(1)	
(2)	

3.2 증빙서류 구분 · 대조

학습목표(수행준거)

발생한 거래에 따라 관련 규정을 준수하여 증빙서류를 구분 대조할 수 있다.

(1) 계정과목별 수취증빙

계정과목별로 지급사실을 인정받을 수 있는 증빙은 다음과 같다.

구분		법정증빙	비고
인건비	임직원	원천징수영수증	급여지급대장도 작성 보관
	일용직	원천징수이행상황신고서	일용직 급여지급대장도 작성 보관
교통비	시내	내부지출결의서 또는 영수증	
출장비	지방	세금계산서, 신용카드매출전표, 영수증	실비정산
	해외	해외 현지에서 수취한 증빙	실비정산
경조사비		청첩장 · 내부지출결의서	임직원, 거래처(20만원 한도) 대상
임차료		세금계산서	임대업자가 과세사업자가 아닌 경우는 입금증

일반비용	세금계산서, 신용카드매출전표, 현금영수증, 계산서, 일정형식의 지로용지	
재고자산 취득	세금계산서, 신용카드매출전표, 영수증	거래명세서 함께 수취 보관
유형자산 등 취득		계약서 함께 보관

* 부득이 필요한 증빙을 수취하(받)지 못하고 현금이 지급(지출)되는 거래는 계좌이체 후 입금증을 출력하여 보관한다.

(2) 거래상대방 기준수취증빙

거래상대방이 부가가치세법상 어떤 사업자인지에 따라 다음과 같이 수취해야 하는 증빙에 차이가 있다.

구분		법정증빙
과세	일반과세자	세금계산서, 신용카드매출전표, 현금영수증, 일정형식의 지로용지
	간이과세자	신용카드매출전표, 현금영수증, 일정형식의 지로용지
면세		계산서, 신용카드매출전표, 현금영수증, 일정형식의 지로용지

직무능력평가 3-2

다음 ( ) 안에 알맞은 용어를 써 넣으시오

계정과목별로 지급사실을 인정받을 수 있는 증빙은 다음과 같다.

구분		법정증빙	비고
인건비	임직원	(1) ( )	급여지급대장도 작성 보관
	일용직	원천징수이행상황신고서	일용직 급여지급대장도 작성 보관
교통비	시내	(2) ( ) 또는 영수증	
출장비	지방	세금계산서, 신용카드매출전표, 영수증	실비정산
	해외	해외 현지에서 수취한 증빙	실비정산
경조사비		(3) ( ) · 내부지출결의서	임직원, 거래처 (4) ( ) 한도 대상
임차료		세금계산서	임대업자가 과세사업자가 아닌 경우는 (5) ( )

일반비용	세금계산서, 신용카드매출전표, 현금영수증, 계산서, 일정형식의 지로용지	
재고자산 취득	세금계산서, 신용카드매출전표, 영수증	거래명세서 함께 수취 보관
유형자산 등 취득		계약서 함께 보관

| 풀이 |

(1)

(2)

(3)

(4)

(5)

3.3 증빙자료 관리

학습목표(수행준거)

증빙서류 관련규정에 따라 증빙자료를 관리할 수 있다.

(1) 지출에 대한 증빙서류 관리

증빙은 전표 뒷면에 붙이거나 별도 편철해서 보관한다. 별도의 증빙철을 만드는 경우에는 증빙에 지출일자 순으로 일련번호를 부여하고 이를 관련전표에 기록하여 표시하면 필요시 찾아보기가 쉽다.

증빙종류		관리방법
법정증빙	세금계산서	별도편철
	계산서	
	신용카드매출전표	
	현금영수증	
비법정증빙	(간이)영수증	
	공과금영수증 등	

(2) 인건비 지출명세 관리

인건비 지출의 경우에는 법정증빙 이외에 다음과 같은 장부관리가 필요하다.

직원구분	관리방법
정규직원	급여지급대장 작성관리
일용직 직원	일용직 급여지급대장 작성관리
사업(기타)소득자	사업(기타)소득자 명부 및 지급대장 작성관리
퇴직직원	퇴직직원 퇴직급여지급대장 작성관리

(3) 이자와 배당의 지급 관리

차입금에 대한 이자를 지급하거나 주주들에게 배당을 지급하는 경우에는 이자·배당지급대장을 작성하고 보관·관리한다.

(4) 증빙서류의 관리 및 보존

① 거래를 종료한 증빙서류의 번호 부여는 전표의 증빙번호와 동일하게 하고, 순서대로 증빙서류 표지와 일계표, 전표, 증빙서류를 편철하여 합철 보관하거나, 별도 편철하여 보관할 수 있다.

② 증빙서류는 문서관리규정에서 정하는 기간까지, 소정의 장소에 보관·보존관리하여야 한다. 통상 장부 및 증빙서류는 그 거래사실이 속하는 과세기간에 대한 해당 국세(소득세 및 법인세)의 법정신고기한이 경과한 날로부터 5년간 보존해야

한다(그러나 국세기본법에서 부정행위에 대한 국세의 부과제척기간이 10년이므로 세금계산서 등의 불부합 등은 부정행위가 되는 점을 감안한다면 신고기한 일자부터 10년 정도는 보관하는 것이 좋다).

직무능력평가 3-3

다음 ( ) 안에 알맞은 용어를 써 넣으시오.

인건비 지출의 경우에는 법정증빙 이외에 다음과 같은 장부관리가 필요하다.

직원구분	관리방법
정규직원	(1) ( ) 작성관리
일용직직원	일용직 급여지급대장 작성관리
사업(기타)소득자	사업(기타)소득자 명부 및 지급대장 작성관리
퇴직직원	퇴직직원 퇴직급여지급대장 작성관리

(2) 증빙서류는 문서관리규정에서 정하는 기간까지, 소정의 장소에 보관·보존관리하여야 한다. 통상 장부 및 증빙서류는 그 거래사실이 속하는 과세기간에 대한 해당 국세(소득세 및 법인세)의 법정신고기한이 경과한 날로부터 ( )간 보존해야 한다.

| 풀이 |

(1) (2)

직무능력수행(성취도)평가 문제

| 객관식문제 |

【전표관리】 직무능력수행(성취도)평가	제한 시간	분	응시번호	성 명

1. 다음 중 회계상의 거래로 옳은 것을 〈보기〉에서 고른 것은?

ㄱ. 자금조달을 위해 투자자와 50,000원의 투자계약을 체결하다.
ㄴ. 거래처에서 상품 50,000원을 주문받다.
ㄷ. 출장 중인 종업원으로부터 현금 50,000원이 보통예금 통장에 입금된 것을 확인하다.
ㄹ. 회사의 토지를 담보로 하여 은행으로부터 50,000원을 현금으로 대출받다.

① ㄱ, ㄴ ② ㄱ, ㄷ
③ ㄴ, ㄹ ④ ㄷ, ㄹ

2. 다음 거래에 대한 거래의 결합관계가 바르게 표시된 것은?

비품 80,000원을 구입하고 대금은 외상으로 하다.

① 차변요소: 부채의 증가 대변요소: 자산의 증가
② 차변요소: 부채의 감소 대변요소: 자산의 증가
③ 차변요소: 자산의 증가 대변요소: 부채의 증가
④ 차변요소: 자산의 증가 대변요소: 자본의 증가

3. 다음 거래에 대한 거래요소의 결합관계를 바르게 나타낸 것은?

대여금에 대한 이자 50,000원을 현금으로 받다.

① (자산의 증가) − (수익의 발생) ② (자산의 증가) − (부채의 증가)
③ (자산의 증가) − (비용의 발생) ④ (부채의 증가) − (수익의 발생)

4. 다음 거래 중에서 혼합거래에 해당하는 것은?

① 미구슴 50,000원을 현금으로 회수하다.
② 단기차입금 30,000원과 이자 2,000원을 함께 현금으로 지급하다.
③ 입차료 10,000원을 자기앞수표로 지급하다.
④ 외상매입금 20,000원을 당좌수표를 발행하여 상환하다.

5. 다음 (   )안에 들어갈 적절한 말을 순서대로 적은 것은?

복식부기에서는 한 거래가 발생하면 반드시 차변과 대변에 같은 금액을 기입하는데, 이를 (   )(이)라 하고, 그 결과 계정 전체적으로 보면 차변금액의 합계와 대변금액의 합계가 반드시 일치하는데, 이를 (   )(이)라 한다.

---

① 수익과 비용의 대응, 대차평균의 원리
② 거래의 이중성, 수익과 비용의 대응
③ 대차평균의 원리, 거래의 이중성
④ 거래의 이중성, 대차평균의 원리

6. 거래처 강원상회에서 현금 5,000,000원을 6개월 후 상환조건으로 빌려오고, 차용증서를 발행하여 준 경우, 올바른 분개는?

	차변	금액	대변	금액
①	(차) 현금	5,000,000	(대) 단기차입금	5,000,000
②	(차) 현금	5,000,000	(대) 장기차입금	5,000,000
③	(차) 단기차입금	5,000,000	(대) 현금	5,000,000
④	(차) 현금	5,000,000	(대) 단기대여금	5,000,000

7. 종로상회에서 상품 4,000원을 외상으로 매입하고, 상품 인수 운임 500원은 현금으로 지급하다. 옳은 분개는?

	차변	금액	대변	금액
①	(차) 외상매입금	4,500	(대) 매입	4,000
			현금	500
②	(차) 매입	4,500	(대) 외상매입금	4,000
			현금	500
③	(차) 매입	4,000	(대) 외상매입금	4,000
	운반비	500	현금	500
④	(차) 매입	4,500	(대) 외상매입금	4,000
			운반비	500

8. 다음 거래에 대한 분개로 옳은 것은?

울산상사에서 상품 200,000원을 외상매입하고, 동점 부담의 운임 10,000원은 현금으로 대신 지급하다.

① (차) 매입	210,000	(대) 외상매입금	200,000
		현금	10,000
② (차) 매입	210,000	(대) 외상매입금	210,000
③ (차) 매입	200,000	(대) 외상매입금	200,000
운 반 비	10,000	현금	10,000
④ (차) 매입	200,000	(대) 외상매입금	190,000
		현금	10,000

9. 동대문상사에 상품 4,000원을 외상으로 매출하고, 운임 500원은 현금으로 대신 지급하다. 옳은 분개는?(단, 3분법에 의함)

① (차) 매출	4,500	(대) 외상매출금	4,000
		운반비	500
② (차) 매출	4,500	(대) 외상매출금	4,000
		현금	500
③ (차) 매출	4,000	(대) 외상매출금	4,000
운반비	500	현금	500
④ (차) 외상매출금	4,500	(대) 매출	4,000
		현금	500

10. "(주)서울은 주문한 상품 50,000원이 도착하여 이를 인수하고, 대금은 외상으로 하다. 인수시 인수운임 3,000원을 현금으로 지급하다"의 분개로 옳은 것은?(단, (주)서울은 상품을 주문시 계약금 10,000원을 지급했음)

① (차) 매입	50,000	(대) 외상매입금	50,000
② (차) 매입	53,000	(대) 선급금	10,000
		외상매입금	40,000
		현금	3,000
③ (차) 매입	50,000	(대) 외상매입금	50,000
운반비	3,000	현금	3,000
④ (차) 매입	50,000	(대) 선급금	10,000
운반비	3,000	외상매입금	40,000
		현금	3,000

11. 다음과 같은 거래가 발생하였을 때 올바른 분개는?

건물 600,000원을 취득하고, 약속어음을 발행해 주었으며, 취득세 10,000원을 현금으로 납부하였다.

---

① (차) 건물	610,000	(대) 지급어음	600,000
		현금	10,000
② (차) 건물	600,000	(대) 지급어음	600,000
세금과공과	10,000	현 금	10,000
③ (차) 건물	610,000	(대) 미지급금	600,000
		현금	10,000
④ (차) 건물	600,000	(대) 미지급금	600,000
세금과공과	10,000	현금	10,000

12. 한라상사가 백두상사에 약속어음을 받고 3개월간 대여한 원금 1,000,000원과 이자 30,000원을 현금으로 회수한 경우 한라상사의 분개로서 옳은 것은?

① (차) 현금및현금성자산	1,030,000	(대) 단기대여금	1,000,000
		이자수익	30,000
② (차) 현금및현금성자산	1,030,000	(대) 받을어음	1,000,000
		이자수이	30,000
③ (차) 현금및현금성자산	1,030,000	(대) 단기차입금	1,000,000
		이자수익	30,000
④ (차) 현금및현금성자산	1,030,000	(대) 지급어음	1,000,000
		이자수익	30,000

13. 다음 거래에 대하여 당점에서 행할 분개로 옳은 것은?

매입처 강서상회 발행, 강남상회 수취의 당점앞 환어음 200,000원에 대하여 제시가 있어 이를 인수하다.

---

① (차) 외상매입금	200,000	(대) 지급어음	200,000
② (차) 받을어음	200,000	(대) 지급어음	200,000
③ (차) 외상매출금	200,000	(대) 지급어음	200,000
④ (차) 받을어음	200,000	(대) 외상매입금	200,000

14. 채권, 채무에 대한 다음 기장 내용 중 틀린 것은?

① 상품 100,000원을 주문하고 계약금 10,000원을 현금으로 지급하다.

(차) 선급금	10,000	(대) 현금	10,000

② 비품 30,000원을 외상으로 구입하다.

(차) 비품	30,000	(대) 외상매입금	30,000

③ 비품을 원가에 매각하고 대금 20,000원은 월말에 받기로 하다.

(차) 미수금	20,000	(대) 비품	20,000

④ 주문한 상품이 도착하여 계약금으로 지급한 10,000원을 제외한 90,000원을 현금으로 지급하다.

(차) 상품	100,000	(대) 선급금	10,000
		현금	90,000

15. "영업부 직원인 김길동의 출장여비 개산액 70,000원을 현금으로 지급하다"의 분개로 올바른 것은?

①	(차) 가지급금	70,000	(대) 현금	70,000
②	(차) 여비교통비	70,000	(대) 현금	70,000
③	(차) 가수금	70,000	(대) 현금	70,000
④	(차) 미지급금	70,000	(대) 현금	70,000

16. 다음 거래의 분개로 올바른 것은?

> 출장 중인 사원이 온라인으로 송금한 50,000원 중 30,000원은 외상대금 회수이고 나머지 잔액은 상품주문대금으로 판명되다.

①	(차) 가수금	50,000	(대) 외상매출금	30,000
			선수금	20,000
②	(차) 가수금	50,000	(대) 외상매입금	30,000
			선급금	20,000
③	(차) 가지급금	50,000	(대) 매출채권	50,000
④	(차) 가수금	50,000	(대) 선수금	50,000

17. 다음 거래의 분개로 옳은 것은?

취득원가 700,000원(감가상각누계액 400,000원)의 사무용 컴퓨터를 370,000원에 처분하고 대금은 월말에 받기로 하다.

① (차)	비품감가상각누계액	400,000	(대) 비품	700,000
	외상매출금	370,000	유형자산처분이익	70,000
② (차)	미수금	370,000	(대) 비품	700,000
	유형자산처분손실	330,000		
③ (차)	외상매출금	370,000	(대) 비품	700,000
	유형자산처분손실	330,000		
④ (차)	비품감가상각누계액	400,000	(대) 비품	700,000
	미수금	370,000	유형자산처분이익	70,000

18. 다음의 거래를 분개한 것으로 옳은 것은?

매출처의 외상대금 중 500,000원을 현금으로 회수하여 즉시 당좌예입하다. (단, 당좌차월계정 잔액이 200,000원 있음)

	(차변)		(대변)	
①	현금	300,000	외상매출금	500,000
	당좌차월	200,000		
②	외상매입금	300,000	외상매출금	500,000
	당좌차월	200,000		
③	당좌예금	300,000	외상매출금	500,000
	당좌차월	200,000		
④	당좌예금	200,000	외상매출금	500,000
	당좌차월	300,000		

19. 다음 거래에 대한 분개로 옳은 것은?

개인기업인 한일상사는 영업용 건물에 대한 재산세 70,000원과 사장 자택의 재산세 20,000원을 당좌수표를 발행하여 은행에 납부하다.

① (차)	재산세	90,000	(대) 당좌예금	90,000
② (차)	인출금	90,000	(대) 당좌예금	90,000
③ (차)	세금과공과	70,000	(대) 당좌예금	90,000
	인출금	20,000		
④ (차)	세금과공과	20,000	(대) 당좌예금	90,000
	인출금	70,000		

20. 다음 거래에 대한 분개로 옳은 것은?

> (주)○○은 경기침체로 경영이 악화되어 사업규모를 축소하기로 하고 발행주식 중 1,000주(액면 1주당 5,000원)를 1주당 4,500원에 현금으로 매입하여 소각하다.

	차변	금액	대변	금액
①	(차) 현금	4,500,000	(대) 자본금	4,500,000
②	(차) 자본금	4,500,000	(대) 현금	4,500,000
③	(차) 자본금	5,000,000	(대) 현금	5,000,000
④	(차) 자본금	5,000,000	(대) 현금	4,500,000
			감자차익	500,000

21. 다음 거래의 분개로 옳은 것은?

> 원주상사는 단기매매차익을 목적으로 보유하고 있는 (주)경동상사 발행 주식 100주를 현금 95,000원에 매각하였다. (주)경동상사 발행 주식의 직전 연도말 장부가액은 100,000원이었다.

	차변	금액	대변	금액
①	(차) 현금	95,000	(대) 단기매매증권	95,000
②	(차) 현금	95,000	(대) 단기매매증권	100,000
	단기매매증권처분손실	5,000		
③	(차) 현금	100,000	(대) 단기매매증권	95,000
			단기매매증권처분이익	5,000
④	(차) 현금	100,000	(대) 단기매매증권	100,000

22. 다음 거래에 대한 분개 내용 중 틀린 것은?

① 현금 1,000,000과 건물 2,000,000을 출자하여 영업을 개시하다

차변	금액	대변	금액
(차) 현금	1,000,000	(대) 자본금	3,000,000
건물	2,000,000		

② 상품권 100,000을 발행하고 현금으로 받다

차변	금액	대변	금액
(차) 현금	100,000	(대) 상품권선수금	100,000

③ 결산시 당기순이익 200,000을 자본금으로 대체하다

차변	금액	대변	금액
(차) 손익	200,000	(대) 자본금	200,000

④ 기업주의 소득세 50,000을 현금으로 지급하다

차변	금액	대변	금액
(차) 소득세비용	50,000	(대) 현금	50,000

23. 다음 거래의 경우, 3분법으로 분개한 것 중 올바른 것은?

(주)동대문은 구리상사에 상품 700,000원을 매출하고 대금 중 500,000원은 구리상사에서 발행한 약속어음으로 받고, 잔액은 당사에서 상품매입을 위해 발행한 약속어음으로 회수하다.

① (차)	받을어음	200,000	(대) 매출	700,000
	지급어음	500,000		
② (차)	받을어음	700,000	(대) 매출	700,000
③ (차)	지급어음	700,000	(대) 매출	700,000
④ (차)	받을어음	500,000	(대) 매출	700,000
	지급어음	200,000		

24. 다음 거래 중 12월 15일의 분개로 올바른 것은?

10월 11일 외상매출금 30,000원이 회수불능되어 대손처리하다. 단, 대손충당금의 잔액은 20,000원이 있다.
12월 15일 위의 회수불능되었던 금액을 현금으로 회수하다.

① (차)	외상매출금	30,000	(대) 대손충당금	20,000
			대손상각비	10,000
② (차)	현금	30,000	(대) 대손충당금	20,000
			대손상각비	10,000
③ (차)	현금	30,000	(대) 외상매출금	30,000
④ (차)	현금	30,000	(대) 대손충당금	30,000

25. 다음 연속된 거래에서 9월 24일 '인천상사'의 분개를 바르게 나타낸 것은?

9월 15일 인천상사는 갑회사로부터 상품 300,000원의 주문을 받고, 계약금 30,000원을 현금으로 받다.
9월 24일 인천상사 갑회사로부터 주문받은 상품을 발송하고, 계약금을 차감한 잔액은 1개월 후에 받기로 하다.

① (차)	선급금	30,000	(대) 매출	300,000
	외상매출금	270,000		
② (차)	현금	30,000	(대) 선수금	30,000
③ (차)	선수금	30,000	(대) 매출	300,000
	외상매출금	270,000		
④ (차)	선수금	30,000	(대) 매출	300,000
	미수금	270,000		

26. 하나의 거래를 두 개의 전표에 기록한 내용이다. 거래추정 내용이 맞는 것은?

출금전표

No. 160　20×6년 5월 20일

계	검인	부장

과 목	매입계정	성 명	서울상점
적 요		금 액	
A상품 400개 (@₩200)매입, 잔액은 외상		30000	
합 계		30000	

대체전표

No. 159　20×6년 5월 20일

계	검인	부장

계정과목	차변	계정과목	대변
매입	50000	외상매입금	50000
합계	50000		50000
적요	서울상번 A상품 400개 @200		

① 상품 80,000원을 외상으로 매입하다.
② 상품 80,000원을 매입하고 대금 중 50,000원은 현금으로 지급하고 잔액은 외상으로 하다.
③ 상품 80,000원을 매입하고 대금 중 30,000원은 현금으로 지급하고 잔액은 외상으로 하다.
④ 상품 80,000원을 매입하고 대금 중 50,000원은 외상으로 하고, 잔액은 수표발행지급하다.

27. 다음 거래를 아래 전표에 기표할 때 (가)와 (나)에 기입할 내용으로 알맞은 것은? (단, 3전표제에 의함)

7월 8일 (주)세일전자에서 신입사원용 책상(의자포함) 5조를 900,000원에 구입하고, 대금은 앞서 거래처로부터 받은 서울은행 발행 자기앞수표로 지급하다.

(가) 전 표

No.11　20×6년 7월 8일

담당	과장	부장

계정과목	(나)	거래처	(주)세일전자
적 요		금액	
신입사원용 책상(의자 포함) 5조 구입		₩900000	
(당점 소지 자기앞수표로 지급)			
합 계		₩900000	

	(가)	(나)
①	대체	비품
②	입금	비품
③	출금	비품
④	출금	현금

28. ○○상점에서 3전표 제도를 채택하는 경우 입금전표에 기입할 거래를 〈보기〉에서 모두 고른 것은?

ㄱ. 거래처의 단기대여금 200,000원을 동점 발행 당좌수표로 회수하다.
ㄴ. 업무용 비품 300,000원을 구입하고 대금은 10일 후에 지급하기로 하다.
ㄷ. 상품 500,000원을 매출하고 대금은 3개월 후 만기의 동점 발행 약속어음으로 받다.

---

① ㄱ　　② ㄷ
③ ㄱ, ㄴ　　④ ㄱ, ㄴ, ㄷ

29. 다음 중 법정지출증빙이 아닌 것은?

① 세금계산서　　② 계산서
③ 3만원 이하 (간이)영수증　　④ 입금표

30. 나음 (　　)에 들어갈 적절한 숫자는?

증빙서류는 문서관리규정에서 정하는 기간까지, 소정의 장소에 보관·보존 관리하여야 한다. 통상 장부 및 증빙서류는 그 거래사실이 속하는 과세기간에 대한 해당 국세(소득세 및 법인세)의 법정신고기한이 경과한 날로부터 (　　)년간 보존해야 한다.

---

① 1년　　② 2년
③ 3년　　④ 5년

| 주관식문제 |

【전표관리】 직무능력수행(성취도)평가	제한 시간	분	응시번호	성　명

다음 거래를 분개하시오. (단, 상품거래는 3분법으로 처리함)

1. 12월 31일 결산시 현금과부족계정 차변 잔액 500원을 정리하다.

2. 컴퓨터 3,000원을 구입하고 수표를 발행해 주었다. 이때 당좌예금 잔액은 400원이 있었으며, 거래은행과 5,000원 한도의 당좌차월계약이 있다.

3. '매출처 서울상사'의 외상매출금 700원을 한일은행 발행의 자기앞수표로 회수하여 즉시 당좌예입하다. 단, 당좌차월이 200원이 있다.

4. 12월 31일 결산시 단기매매차익을 목적으로 소유한 ㈜한영의 주식 100주(액면 @500원, 장부금액 @800원)의 공정가는 @550원이다.

5. 소유주식 200주(1주당 장부가 700원)를 1주당 900원에 처분하고 현금을 받아 즉시 당좌예입하다.

6. 국민상사에 대한 외상매입금 3,500원을 기일전에 지급함에 따라 100원을 할인받고 잔액은 수표를 발행하여 지급하다.

7. 한국상사에서 상품 4,300원을 매입하고 대금은 소유하고 있던 타인발행 당좌수표로 지급하고 운반비 150원을 현금으로 지급하다.

8. 상품 5,200원을 외상으로 매출하고, 상대편 부담의 발송운임 250원은 현금으로 당점이 대신 지급하다.

9. 강서상사로부터 상품 7,000원을 매입하고 대금은 외상으로 하다. 그리고 상대편 부담의 운임 350원은 당점이 현금으로 대신 지급하다.

10. ㈜현성은 상품을 판매하고 받은 외상매출금 8,000원을 서울은행에 양도하고 수수료 300원을 차감한 잔액을 당좌예금에 입금처리하였다.

11. 건물 3,400원을 취득하고 약속어음을 발행해 주고 취득세 70원은 현금으로 납부하다.

12. 매입처 강동상사 발행, 동대문상사 수취의 당점앞 환어음 700원에 대하여 인수제시가 있어 이를 인수하다.

13. ㈜신사는 서대문상사에 상품 9,000원을 매출하고, 대금 중 6,000원은 서대문상사에서 발행한 약속어음으로 받고, 잔액은 당사에서 매입처 서울상사에게 발행한 약속어음으로 받다.

14. 결산일에 매출채권 잔액 4,000원의 2%에 대하여 대손을 예상하다. 단, 대손충당금 100원이 설정되어 있다.

15. 종로상사의 파산으로 외상매출금 2,700원이 회수가 불가능하게(회수불능) 되다. 단, 대손충당금 잔액은 900원이 있다.

16. ㈜부산은 거래처의 부도로 당기에 대손처리하였던 외상매출금 6,300원을 당기에 현금으로 회수하다. 단, 대손처리시 대손충당금 잔액은 1,500원이 있었다.

17. 영등포상사는 사원의 급여 7,200원 중 소득세 700원과 국민연금 500원을 차감한 후 현금으로 지급하다.

18. ㈜은성은 주문한 상품 6,300원이 도착하여 이를 외상으로 인수하고, 인수시 인수운임 450원을 현금으로 지급하다. 단, ㈜은성은 상품 주문시 계약금 1,000원을 지급하였다.

19. 출장 중인 사원이 온라인으로 송금한 3,600원 중 2,800원은 외상대금 회수이고 나머지 잔액은 상품주문 대금으로 판명되다.

20. 상품 1,600원을 매출하고 대금은 1,000원은 상품권으로 회수하고 나머지 잔액은 현금으로 받다.

21. 판매용 책상과 의자 1,800원(원가 1,300원)을 업무용으로 사용하다.

22. 건물 2,500원을 제2기초에 취득하여 3년간 감가상각(정액법, 내용연수 10년, 잔존가액 0)한 후 결산일 다음 날 1,000원의 현금을 받고 처분하다.

23. 개인기업인 홍익상사의 기업주가 자녀의 결혼자금으로 당좌수표 3,000원을 발행하여 가져가다.

24. 기업주 개인 소유의 주택 재산세 1,000원과 상품의 운반용 자동차의 자동차세 700원을 현금으로 납부하다.

25. ㈜백두는 증자를 위하여 보통주 100주(액면 1주당 500원)를 1주당 580원에 발행하고, 납입금은 당좌예입하다.

Part 02

전표관리와 결산관리

결산관리 능력단위

결산관리 능력단위 정의: 결산관리란 재무상태를 파악하기 위하여 재무상태표일 현재 자산·부채·자본을 측정·평가하고 회계기간 동안의 수익·비용을 확정하여 재무성과를 파악함과 동시에 각 계정을 정리하여 장부를 마감하고 재무제표를 작성하는 능력이다.

능력단위	능력단위요소	수행준거(학습목표)
결산관리	1. 결산 분개하기	1.1 회계관련 규정에 따라 제반서류를 준비할 수 있다. 1.2 손익계정에 관한 결산정리사항을 분개할 수 있다. 1.3 자산·부채계정에 관한 결산정리사항을 분개할 수 있다.
	2. 장부 마감하기	2.1 회계관련 규정에 따라 주요장부를 마감할 수 있다. 2.2 회계관련 규정에 따라 보조장부를 마감할 수 있다. 2.3 회계관련 규정에 따라 각 장부의 오류를 수정할 수 있다. 2.4 자본거래를 파악하여 자본의 증감 여부를 확인할 수 있다.
	3. 재무제표 작성하기	3.1 회계관련 규정에 따라 재무상태표를 작성할 수 있다. 3.2 회계관련 규정에 따라 손익계산서를 작성할 수 있다. 3.3 회계관련 규정에 따라 자본변동표를 작성할 수 있다. 3.4 회계관련 규정에 따라 현금흐름표를 작성할 수 있다. 3.5 회계관련 규정에 따라 이익잉여금처분계산서를 작성할 수 있다. 3.6 회계관련 규정에 따라 재무제표에 대한 주석사항을 표시할 수 있다.

Chapter 01

결산 분개

결산 분개하기(능력단위요소)를 위해 필요한 지식, 기술, 태도

구분	필요사항
지식	• 기업실무에 적용되는 회계관련 규정 • 계정과목에 대한 지식
기술	• 계정과목별명세서 작성능력 • 손익산정 능력 • 자산·부채에 대한 평가능력
태도	• 원활한 의사소통 자세 • 수리적 정확도를 기하려는 자세 • 회계관련 규정 준수에 대한 의지

1.1 결산서류 준비

1.2 손익계정에 관한 결산정리

(1) 손익의 이연

(2) 손익의 예상

(3) 소모품의 처리

1.3 자산과 부채계정에 관한 결산정리

(1) 기말(상품)재고자산 재고액 정리

(2) 단기매매증권의 평가

(3) 채권에 대한 대손충당금 설정

(4) 유형자산과 무형자산의 상각

(5) 현금과부족, 가지급금, 가수금 정리

(6) 퇴직급여충당부채 등 설정

(7) 법인세 추산

전표관리와 결산관리

능력단위요소	수행준거(학습목표)
1. 결산 분개하기	1.1 회계관련 규정에 따라 제반서류를 준비할 수 있다. 1.2 손익계정에 관한 결산정리사항을 분개할 수 있다. 1.3 자산·부채계정에 관한 결산정리사항을 분개할 수 있다.

1.1 결산서류 준비

학습목표(수행준거)

회계관련 규정에 따라 제반 서류를 준비할 수 있다.

결산 준비에 필요한 주요 서류는 다음과 같다.

① 총계정원장(합계잔액시산표에 있는 계정)

② 현금출납장, 예금명세서(기업 명의의 통장사본 포함), 어음발행대장

③ 기말 현재 재고자산명세서(품목, 수량, 금액)

④ 기말 현재 외상매출금, 받을어음, 미수금, 단기대여금명세서

⑤ 기말 현재 외상매입금, 지급어음, 미지급금, 은행차입금명세서(기업 명의의 대출금잔액증명서 포함)

⑥ 해당 회계연도에 은행에서 받은 이자(원천징수)명세서

⑦ 해당 회계연도 증빙서류 중 누락분

1.2 손익계정에 관한 결산정리

학습목표(수행준거)

손익계정에 관한 결산정리사항을 분개할 수 있다.

(1) 손익의 이연

당기에 이미 주고받은 비용과 수익 중에서 차기에 해당되는 금액을 차감하는 것을 이연이라고 하며, 손익의 이연에는 수익의 이연과 비용의 이연이 있다.

1) 수익의 이연

결산시 이미 받은 수익 중 차기분에 해당되는 것은 당기의 수익에서 차감하고 선수수익계정 대변에 기록한 후 차기로 이월시킨다. 차기의 첫 날짜에는 선수수익계정을 수익계정 대변에 대체해 주어야 한다.

구분	기록시기	거래내용	차변		대변	
(1)	당기중	9월 1일, 1년분 임대료 현금수입액 2,400원 계상	현금	2,400	임대료	2,400
(2)	당기말	8개월분 임대료 선수(미경과)액 1,600원 계상	임대료	1,600	선수수익	1,600
(3)	차기초	1월 1일, 재수정(재대체) 분개	선수수익	1,600	임대료	1,600

* 선수수익은 중요성원칙에 의하여 '선수임대료'로 기록·표시할 수도 있다.
** 선수수익은 유동부채이다.

2) 비용의 이연

결산시 이미 지급한 비용 중 차기분에 해당되는 것은 당기의 비용에서 차감하여 선급비용계정 차변에 기록한 후 차기로 이월시킨다. 차기의 첫 날짜에는 선급비용계정을 비용계정 차변에 대체해 주어야 한다.

구분	기록시기	거래내용	차변		대변	
(1)	당기중	6월 1일, 1년분 보험료 현금지급액 2,400원 계상	보험료	2,400	현금	2,400
(2)	당기말	5개월분 보험료 선급(미경과)액 1,000원 계상	선급비용	1,000	보험료	1,000
(3)	차기초	1월 1일, 재수정(재대체) 분개	보험료	1,000	선급비용	1,000

* 선급비용은 중요성원칙에 의하여 '선급보험료'로 기록·표시할 수도 있다.
** 선급비용은 유동자산이다.

(2) 손익의 예상

당기에 속하는 손익 중 결산일까지 주고받지 못한 금액을 당기의 비용과 수익에 가산하는 것을 손익의 예상이라고 하며, 손익의 예상에는 수익의 예상과 비용의 예상이 있다.

1) 수익의 예상

당기에 속하는 수익을 결산일까지 받지 못한 금액은 해당 수익계정 대변에 기록하여 당기의 수익에 가산시키고, 미수수익계정 차변에 기록하여 차기에 이월시킨다. 차기의 첫 날짜에는 미수수익계정을 수익계정 차변에 재대체하여야 한다.

구분	기록시기	거래내용	차변		대변	
(1)	당기중	1월 1일, 8개월분 임대료 현금수입액 1,600원 계상	현금	1,600	임대료	1,600
(2)	당기말	4개월분 임대료 미수액 800원 계상	미수수익	800	임대료	800
(3)	차기초	1월 1일, 재수정(재대체) 분개	임대료	800	미수수익	800

* 미수수익은 중요성원칙에 의하여 '미수임대료'로 기록·표시할 수도 있다.
** 미수수익은 유동자산이다.

2) 비용의 예상

당기에 속하는 비용을 결산일까지 지급하지 않은 금액은 해당 비용계정 차변에 기록하여 당기의 비용에 가산시키고, 미지급비용계정 대변에 기록하여 차기에 이월시킨다. 차기의 첫 날짜에는 미지급비용계정을 비용계정 대변에 재대체하여야 한다.

구분	기록시기	거래내용	차변		대변	
(1)	당기중	3월 1일, 9개월분 이자 현금지급액 1,800원 계상	이자비용	1,800	현금	1,800
(2)	당기말	1개월분 이자 미지급액 200원 계상	이자비용	200	미지급비용	200
(3)	차기초	1월 1일, 재수정(재대체) 분개	미지급비용	200	이자비용	200

* 미지급비용은 중요성원칙에 의하여 '미지급이자'로 기록·표시할 수도 있다.
** 미지급비용은 유동부채이다.

보충설명 ◦ 손익에 관한 결산정리분개 요약

구분		처리내용	회계처리			
			차변		대변	
손익의 이연	수익의 이연	수익에서 차감→선수수익	수익	×××	선수수익	×××
	비용의 이연	비용에서 차감→선급비용	선급비용	×××	비용	×××
손익의 예상	수익의 예상	수익에 가산→미수수익	미수수익	×××	수익	×××
	비용의 예상	비용에 가산→미지급비용	비용	×××	미지급비용	×××

(3) 소모품의 처리

사무용 장부 및 문방구류 등을 구입하였을 때에는 비용으로 처리하는 방법과 자산으로 처리하는 방법이 있다.

1) 비용으로 처리하는 방법

사무용품을 구입하였을 때에는 소모품비(비용)계정 차변에 기록하고, 결산시 미사용액을 조사하여 소모품(자산)계정 차변에 대체하여 이월시킨다.

비용처리법

구분	기록시기	거래내용	차변		대변	
(1)	당기중	소모품 500원을 현금 구입시	소모품비	500	현금	500
(2)	당기말	소모품 미사용분 300원 계상	소모품	300	소모품비	300
(3)	차기초	재수정(재대체) 분개	소모품비	300	소모품	300

* 소모품은 재무상태표에 저장품으로 통합하여 표시한다.

2) 자산으로 처리하는 방법

사무용품을 구입하였을 때에는 소모품(자산)계정 차변에 기록하고, 결산시 사용액을 조사하여 소모품비(비용)계정 차변에 대체한다.

자산처리법

구분	기록시기	거래내용	차변		대변	
(1)	당기중	소모품 700원을 현금 구입시	소모품	700	현금	700
(2)	당기말	소모품 사용분 400원 계상	소모품비	400	소모품	400
(3)	차기초	재수정(재대체) 분개	분개없음			

직무능력평가 1-1

1. 다음의 기중 자료에 의해 결산시 필요한 결산정리 분개를 하시오(단, 결산일은 매년 12월 31일).

(1) 5월 1일 1년분(5.1~차기 4.30) 임대료 1,200원을 현금으로 받다.

(2) 8월 1일 1년분(8.1~차기 7.31) 보험료 3,600원을 현금으로 지급하다.

(3) 9월 1일 4개월간 현금을 대여해 주고 3개월분(9.1~11.30) 이자 600원을 현금으로 받았으나, 결산일 현재 나머지 금액을 받지 못하다.

(4) 7월 1일 6개월간 현금을 차입하고 4개월분(7.1~10.31) 이자 1,200원을 현금으로 지급했으나, 결산일 현재 나머지 금액을 지급하지 못하다.

| 풀이 |

구분	차변		대변	
	계정과목	금액	계정과목	금액
(1)				
(2)				
(3)				
(4)				

2. 다음 연속된 거래를 분개하고, 소모품비계정과 소모품계정에 기록하여 마감하시오. 단, 기중 소모품 구입은 비용계정으로 처리한다.

7월 10일 사무용 소모품 3,000원을 구입하고, 대금은 현금으로 지급하다.
12월 31일 결산시 소모품 미사용액 1,800원을 계상하다.
익년 1월 1일 소모품 미사용액을 소모품비계정에 재대체하다.

| 풀이 |

구분	차변		대변	
	계정과목	금액	계정과목	금액
7월 10일				
12월 31일				
익년 1월 1일				

3. 다음 연속된 거래를 분개하고, 소모품비계정과 소모품계정에 기록하여 마감하시오. 단, 기중 소모품 구입은 자산계정으로 처리한다.

7월 10일 사무용 소모품 3,000원을 구입하고, 대금은 현금으로 지급하다.
12월 31일 결산시 소모품 사용액 1,200원을 계상하다.

| 풀이 |

구분	차변		대변	
	계정과목	금액	계정과목	금액
7월 10일				
12월 31일				

1.3 자산과 부채계정에 관한 결산정리

학습목표(수행준거)

자산 · 부채계정에 관한 결산정리사항을 분개할 수 있다.

(1) 기말(상품)재고자산 재고액 정리

1) 순매입액의 매출원가 전환

3분법 등 분할상품계정을 사용하면서 결산정리 분개를 하지 않으면 매입계정의 잔액은 순매입이 된다. 그러나 매출총손익의 계산을 위해서는 매출원가가 필요하므로 기초상품과 기말상품에 대한 분개가 필요하다.

구분	상품재고	거래내용	차변		대변	
(1)	기초상품	12월 31일 결산일 기초상품 100	매입	100	이월상품	100
(2)	기말상품	12월 31일 결산일 기말상품 200	이월상품	200	매입	200

2) 재고자산감모손실

재고자산의 수량부족으로 발생한 손실을 말한다. 장부수량과 실제재고수량을 비교해서 다음과 같이 측정한다. 재고자산감모손실은 원가성이 있으면 매출원가에 가산하고 원가성이 없으면 영업외비용으로 처리하다.

> 재고자산감모손실 = 장부가액 − 실제재고액
> = (장부재고수량×단위당 장부원가) − (실제재고수량×단위당 장부원가)

구분		거래내용	차변		대변	
(1)	원가성 있음	장부수량 100개 실제재고수량 80개 단위당 장부원가 100원	매입(매출원가)	2,000	이월상품	2,000
(2)	원가성 없음		재고자산감모손실	2,000	이월상품	2,000

3) 재고자산평가손실

재고자산평가는 저가기준을 적용하므로 평가이익은 계상하지 않는다. 따라서 단위당 장부가액의 가치가 하락하여 발생한 재고자산평가손실만을 장부에 계상하여야 하는데, 실제재고액과 순실현가능액(추정판매가－추정판매비용, 원재료는 현행대채원가)을 비교해서 다음과 같이 측정한다. 재고자산평가손실은 원가성 유・무에 관계없이 매출원가에 가산하고 동시에 재고자산의 차감계정으로 기록한다.

> 재고자산평가손실＝실제재고액－순실현가능액(원재료는 현행대체원가)
> ＝(실제재고수량×단위당 장부원가)－(실제재고수량×단위당 순실현가능액*)

* 원재료는 현행대체원가(평가시점 외부에서 매입 또는 재생산시 소요금액)를 적용함.

구분	거래내용	차변		대변	
(1)	단위당 장부원가 100원 단위당 순실현가능액 90원 실제재고수량 80개	매입 (매출원가)	800	재고자산 평가충당금	800

보충설명 ◦ 전산회계에서의 매출원가와 매출총이익 계산

전산회계에서는 매입시에는 '상품'에 기록하고 매출시에는 '상품(제품)매출'로 기록한다. 이렇게 하면 해당 회계기간 상품의 판매가능액을 쉽게 파악하게 된다. 따라서 기말재고만 파악하면 매출원가를 계산하게 되고 매출총이익을 계산하게 된다.

(2) 단기매매증권의 평가

단기매매증권의 기말평가로 인한 결산분개시 공정가치가 장부가액보다 하락한 부분에 대해서는 단기매매증권평가손실을 차변에 계상하고 대변에 단기매매증권을 기록한다. 반대로 공정가치가 장부가액보다 상승한 부분에 대해서는 단기매매증권평가이익을 대변에 계상하고 차변에 단기매매증권을 기록한다.

구분	거래내용	차변		대변	
공정가치 하락시	장부가 500원, 시장성 있는 주식의 결산일 공정가액이 320원이다.	단기매매증권 평가손실	180	단기매매증권	180
공정가치 상승시	장부가 300원, 시장성 있는 주식의 결산일 공정가액이 570원이다.	단기매매증권	270	단기매매증권 평가이익	270

(3) 채권에 대한 대손충당금 설정

결산시 대손추산액(대손예상액)은 대손충당금계정 대변에 남기도록 해야 한다. 이를 위해 대손상각비계정 차변과 대손충당금계정 대변에 기록한다. 이때 이미 대손충당금 잔액이 일부 있지만 대손추산액보다 대손충당금이 부족한 경우에는 부족한 금액만 분개해 추가로 설정해 주고, 대손추산액보다 이미 설정된 대손충당금 잔액이 많은 경우에는 초과한 금액을 환입시켜야 한다.

구분	거래내용	차변		대변	
(1)	결산시 매출채권 잔액 500원에 대하여 2%의 대손을 예상하다. 단, 대손충당금 잔액은 없다.	대손상각비	10	대손충당금	10
(2)	결산시 매출채권 잔액 500원에 대하여 2%의 대손을 예상하다. 단, 대손충당금 잔액은 7원	대손상각비	3	대손충당금	3
(3)	결산시 매출채권 잔액 500원에 대하여 2%의 대손을 예상하다. 단, 대손충당금 잔액은 21원	대손충당금	11	대손충당금환입	11

(4) 유형자산과 무형자산의 상각

1) 유형자산의 감가상각

유형자산은 사용하거나 시일의 흐름에 따라 가치가 감소하는데 이를 감가라 하며, 결산시 정해진 감가상각방법에 따라 해당 회계기간에 대한 감가상각비를 계산하여 비용처리하고, 해당 자산의 감가상각누계액에도 반영해야 한다.

<table>
<tr><th>구분</th><th>거래내용</th><th>차변</th><th>대변</th></tr>
<tr><td rowspan="2">정액법</td><td>취득가액 500원, 잔존가액 100원, 내용연수 10년</td><td rowspan="2">감가상각비 40</td><td rowspan="2">감가상각누계액 40</td></tr>
<tr><td>(500원−100원)÷10년=1년 감가상각비 40원</td></tr>
<tr><td rowspan="2">정률법</td><td>취득원가 500원, 감가상각누계액 180원, 정률 20%</td><td rowspan="2">감가상각비 64</td><td rowspan="2">감가상각누계액 64</td></tr>
<tr><td>(500원−180원)×20%=1년 감가상각비 64원</td></tr>
</table>

보충설명 **감가상각금액 결정방법**

상각방법	1년간 상각금액 결정절차	장점	단점
정액법	(취득원가−잔존가액)÷내용연수 =1년의 감가상각비	• 계산간단	• 원가배분 불합리 • 조업도 영향 무시
정률법	미상각잔액×정률 =1년의 감가상각비	• 능률가치 반영 • 보수주의에 적합	• 계산복잡 • 구입초기 과중부담
생산량 비례법	{(취득원가−잔존가액)÷예상총생산량}×1년의 생산량 =1년의 감가상각비	원가배분 합리적	구식화 미반영
연수합계법	(취득원가−잔존가액)×잔존내용연수÷연수합계	정률법과 같음	정률법과 같음
이중체감법	미상각잔액×(1÷내용연수×2배)	정률법과 같음	정률법과 같음

* 미상각잔액=취득원가−감가상각누계액

2) 무형자산의 상각

무형자산은 감가상각이라는 용어 대신에 상각이라는 표현을 사용한다. 상각금액은 추정내용연수 동안 체계적인 방법을 사용하면 된다. 추정내용연수는 법령이나 계약에 정해진 경우를 제외하고는 20년을 초과할 수 없다. 그리고 체계적인 방법을 사용하기 곤란한 경우에는 정액법을 사용해서 상각한다. 이때 잔존가치는 없는 것이 일반적이다. 상각액을 기록하는 방법은 직접법을 사용한다. 즉, '감가상각누계액'이라는 계정 사용 대신에 해당 무형자산에서 직접 차감하는 방식을 사용한다.

구분	거래내용	차변	대변
정액법	특허권 취득가액 300원, 잔존가액 0원, 내용년수 10년 (300원－0원)÷10년＝1년 상각비 30원	무형자산상각비 30	특허권(산업재산권) 30

(5) 현금과부족, 가지급금, 가수금 정리

1) 현금과부족

일시적인 임시계정인 현금과부족계정은 장부와 비교해서 실제잔액이 부족시에는 차변에 발생하고 과잉시에는 대변에 발생한다. 그 원인이 판명되면 해당 계정에 대체하여 소멸시키고, 차변잔액(부족액)이 판명되지 않으면 잡손실계정으로, 대변잔액(과잉액)이 판명되지 않으면 잡이익계정에 대체한다.

구분	거래내용	차변	대변
(1)	12월 31일 결산시 현금과부족 차변잔액(부족액) 500원의 원인을 파악한 결과, 370원이 이자지급 누락으로 판명되고, 나머지 금액은 원인을 알 수 없다.	이자비용 370 잡손실 130	현금과부족 500
(2)	12월 31일 결산시 현금과부족 대변잔액(과잉액) 400원의 원인을 파악한 결과, 240원이 외상매출금 회수로 판명되고, 나머지 금액은 원인을 알 수 없다.	현금과부족 400	외상매출금 240 잡이익 160

2) 가지급금과 가수금

일시적인 자산계정인 '가지급금'계정과 부채계정인 '가수금'계정은 결산일까지 본 계정과목으로 대체하여야 한다.

구분	거래내용	차변	대변
(1)	결산일 이전 대표이사가 인출해 간 가지급금 900원을 단기대여금으로 정리하고,	(주주종업원)단기대여금 900	가지급금 900
	가지급금인정이자 10원을 계상하다.	미수수익 10	이자수익 10

(2)	출장중인 사원이 온라인으로 송금한 700원 중 500원은 외상대금 회수이고, 나머지 잔액은 상품주문대금으로 판명되다.	가수금 700	외상매출금 500 선수금 200

(6) 퇴직급여충당부채 등 설정

충당부채는 과거 사건의 결과로 장래에 지출될 것이 확실하고 당기의 수익에서 차감하는 것이 합리적인 것에 대하여 그 금액을 추산한 추정부채를 충당부채라 한다. 충당부채에는 퇴직급여충당부채, 공사보증충당부채, 판매보증충당부채 등이 있다.

구분	거래내용	차변	대변
(1)	결산시 기말 현재 전 종업원이 퇴식할 경우 퇴직금추계액은 650원이고 이미 설정된 퇴직급여충당부채 잔액은 120원이다.	퇴직급여 530	퇴직급여충당부채 530*
(2)	과거 경험으로 매출액의 3%가 품질보증비용으로 발생하고 있다. 당기에 2,000원을 매출하고 1년간 품질보증 실시로 이 매출 중 20원을 제품보증비(비용)로 처리했다. 결산시 분개는?	제품보증비 40	제품보증충당부채 40**

* 퇴직금추계액 650원－기설정 퇴직급여충당부채잔액 120원＝당기설정액 530원

** (매출 2,000원×추산율 3%)－기발생 보증비 20원＝당기설정액 40원

(7) 법인세 추산

법인세는 법인기업의 사업연도소득에 대하여 신고·납부하는 세금이다. 비상장중소기업의 법인세는 세무상 계산되는 법인세를 법인세비용으로 계상한다. 단, 중간예납한 법인세가 있다면 동 금액을 차감한 금액을 결산시 법인세비용으로 계상한다. 한편 상장·대기업은 회계상 이익에 법인세를 계상하는 '이연법인세회계'를 하여야 한다.

기록시기	거래내용	차변		대변	
중간예납시	현금 300원을 법인세로 중간예납하다.	법인세비용	300	현금	300
결산시	당기 법인세 추산액은 700원이다.	법인세비용	400	미지급법인세	400
확정납부시	위 추산한 법인세를 현금으로 납부하다.	미지급법인세	400	현금	400

보충설명

• **이연법인세회계**

회계상 이익인 법인세비용차감전순이익과 세무상 이익인 과세소득의 차이 중 차기 이후에 영향을 미치는 일시적 차이에 대한 세금효과를 재무상태표에 이연법인세자산(부채)으로 반영하고, 손익계산서의 법인세비용에도 반영하는 회계를 말한다.

• **결산절차**

기업의 경영활동 결과 회계연도 중에 발생한 당기순손익을 정확하게 파악하고, 일정시점의 재무상태를 명백하게 하는 절차를 결산이라 하며, 결산절차는 예비절차, 본절차, 결산보고서 작성으로 나눈다.

결산순서	결산업무 처리내용 및 순서
(1) 결산예비절차	① 수정전시산표 작성
	② 결산정리사항을 정리(재고조사표 작성)하여 총계정원장에 전기
	③ 정산표 작성
(2) 결산본절차	① 총계정원장 각 계정의 마감
	② 이월시산표 작성
	③ 기타 보조원장(장부)의 마감
(3) 결산보고서(재무보고서) 작성	① 손익계산서의 작성
	② 재무상태표의 작성
	③ 자본변동표의 작성
	④ 현금흐름표의 작성

직무능력평가 1-2

1. 서울상사의 20×6년 12월 31일의 수정전 잔액시산표를 보고 결산정리 자료에 대해 필요한 분개를 하시오.

수정전 잔액시산표

서울상사 20×6년 12월 31일 현재 (단위: 원)

차변	금액	대변	금액
현금및현금성자산	950	외상매입금	460
단기매매증권	600	대손충당금	10
외상매출금	1,200	건물감가상각누계액	200
이월상품	350	자본금	1,500
건물	400	매출	3,400
매입	1,800	임대료	72
급여	200	이자수익	30
소모품비	90		
보험료	24		
수수료비용	38		
잡비	20		
	5,672		5,672

[결산정리자료]

(1) 기말상품재고액 상품 40개 @10원 400원

(2) 단기매매증권 소유주식 5주 액면가 @100원, 장부가 @120원, 기말현재 공정가 @90원

(3) 외상매출금 기말잔액에 대하여 1%의 대손을 예상하다.

(4) 건물은 정액법으로 감가상각한다. 단, 건물의 내용연수는 10년이며 잔존가액은 없다.

(5) 소모품비의 미사용액은 10원이다.

(6) 보험료 기중 1년분 지급액 24원 중 4개월분은 미경과액이다.

(7) 임대료 기중 1년분 수입액 72원 중 3개월분은 선수분이다.

(8) 이자 미수분 13원을 예상하다.

| 풀이 |

구분	차변		대변	
	계정과목	금액	계정과목	금액
(1)				
(2)				
(3)				

(4)				
(5)				
(6)				
(7)				
(8)				

2. 대전상사의 20×6년 12월 31일의 수정전 잔액시산표를 보고 결산정리 자료에 대해 필요한 분개를 하시오.

수정전 잔액시산표

대전상사 20×6년 12월 31일 현재 (단위: 원)

차변	금액	대변	금액
현금및현금성자산	430	외상매입금	460
외상매출금	2,400	가수금	600
이월상품	200	대손충당금	15
소모품	80	비품감가상각누계액	100
비품	1,000	퇴직급여충당부채	320
매입	2,600	자본금	2,500
급여	300	매출	3,175
보험료	48	이자수익	30
임차료	60		
수수료비용	24		
잡비	48		
현금과부족	10		
	7,200		7,200

[결산정리자료]

(1) 기말상품재고액은 다음과 같다. 단, 재고자산감모손실은 원가성이 없다.
장부재고수량 40개 장부원가 @10원
실제재고수량 37개 순실현가능액 @8원

(2) 외상매출금 기말잔액에 대하여 2%의 대손을 예상하다

(3) 비품에 대하여 정률법으로 연 10%의 감가상각을 한다.
단, 비품의 내용연수는 10년이며 잔존가액은 없다.

(4) 소모품의 사용액은 20원이다.

(5) 임차료 기중 1년분 지급액 60원 중 5개월분은 미경과액이다.

(6) 현금과부족의 원인이 판명되지 않았다.

(7) 기말현재 전 종업원이 퇴직할 경우 퇴직금추계액은 658원이다.

(8) 가수금은 외상대금 회수로 판명되다.

| 풀이 |

구분	차변		대변	
	계정과목	금액	계정과목	금액
(1)				
(2)				
(3)				
(4)				
(5)				
(6)				
(7)				
(8)				

Chapter 02

장부 마감

장부 마감하기(능력단위요소)를 위해 필요한 지식, 기술, 태도

구분	필요사항
지식	• 기업실무에 적용되는 회계관련 규정 • 계정과목에 대한 지식
기술	• 계정과목 분류 능력 • 손익산정 능력 • 자산 · 부채에 대한 평가능력
태도	• 수리적 정확도를 기하려는 자세 • 회계관련 규정 준수에 대한 의지

2.1 주요장부 마감

(1) 총계정원장 마감
(2) 손익계신서계정의 바감
(3) 재무상태표계정의 마감
(4) 이월시산표의 작성

2.2 보조장부 마감

(1) 회계장부의 종류
(2) 주요부
(3) 보조부
(4) 매입장과 매출장의 기록과 마감
(5) 상품재고장의 기록과 마감

2.3 장부의 오류수정

(1) 회계오류
(2) 오류의 수정방법

2.4 자본의 증감파악

(1) 자본의 증가
(2) 자본의 감소
(3) 자기주식의 취득과 처분

능력단위요소	수행준거(학습목표)
2. 장부 마감하기	2.1 회계관련 규정에 따라 주요장부를 마감할 수 있다. 2.2 회계관련 규정에 따라 보조장부를 마감할 수 있다. 2.3 회계관련 규정에 따라 각 장부의 오류를 수정할 수 있다. 2.4 자본거래를 파악하여 자본의 증감여부를 확인할 수 있다.

2.1 주요장부 마감

학습목표(수행준거)

회계관련 규정에 따라 주요장부를 마감할 수 있다.

(1) 총계정원장 마감(결산 본절차)

결산정리사항은 결산분개를 통하여 해당계정에 전기하게 되는데 이를 정리기록(입)이라 한다. 이때, 원장에 계정계좌가 설정되어 있지 않은 계정과목은 추가로 설정하고 각 계정을 마감한다. 이렇게 원장의 각 계정을 수정한 뒤 원장을 마감하는 것을 결산 본절차라 한다. 원장을 마감할 때 다음과 같은 순서에 의해 수행한다.

① 수익계정과 비용계정의 잔액을 손익계정에 대체한다.
② 손익계정의 잔액을 자본금(또는 이익잉여금)계정에 대체한다.
③ 자산과 부채의 잔액은 차기이월한다.
④ 이월시산표를 작성하여 마감의 정확성을 알아본다.

(2) 손익계산서계정의 마감

① 손익계정을 설정하고, 수익은 손익계정 대변에 대체하고, 비용은 손익계정 차변에 대체한다. 이후 수익계정과 비용계정을 마감한다.
② 손익계정 대변에 기록된 수익합계와 차변에 기록된 비용합계의 차액인 당기순손익은 자본금계정에 대체한 후 손익계정을 마감한다.

임차료(비용)

…	3,000	…	1,800
		12.31 **손 익**	**1,200**
	3,000		3,000

이자수익(수익)

12.31 손 익	**3,800**	…	3,500
		…	300
	3,800		3,800

(집합)손익

일자	적요	금액	일자	적요	금액
12.31	임차료	1,200	12.31	이자수익	3,800
12.31	**자본금**	**2,600**			
		3,800			3,800

자본금

일자	적요	금액	일자	적요	금액
			1.1	전기이월	5,000
			12.31	**손 익**	**2,600**

총계정원장의 비용과 수익의 순손익 대체분개

구분	거래내용	차변		대변	
비용대체	임차료 잔액을 (집합)손익계정에 대체	손 익	1,200	임차료	1,200
수익대체	이자수익 잔액을 (집합)손익계정에 대체	이자수익	3,800	손 익	3,800
순손익대체	당기순이익을 자본금계정에 대체	손 익	2,600	자본금	2,600

(3) 재무상태표계정의 마감

재무상태표계정을 마감하는 방법에는 영미식과 대륙식이 있다. 우리나라에서 사용하고 있는 방법은 영미식 방법이다. 영미식 방법은 다음과 같이 마감한다.

① 자산계정의 잔액은 대변에, 부채·자본계정의 잔액은 차변에 붉은 글씨로 '차기이월'이라고 마감한다.

② 자산·부채·자본계정의 '차기이월' 반대(변)편에 다음 회계연도 첫 날에 '전기이월'이라 기록한다.

현금및현금성자산(자산)

일자	적요	금액	일자	적요	금액
	…	5,000		…	4,000
			12.31	**차기이월**	**1,000**
		5,000			5,000
1.1	전기이월	1,000			

단기금융상품(자산)

일자	적요	금액	일자	적요	금액
	…	8,500		…	1,500
			12.31	**차기이월**	**7,000**
		8,500			8,500
1.1	전기이월	7,000			

미지급금(부채)

일자	적요	금액	일자	적요	금액
	…	2,600		…	3,000
12.31	**차기이월**	**400**			
		3,000			3,000
			1.1	전기이월	400

자본금

일자	적요	금액	일자	적요	금액
12.31	**차기이월**	**7,600**	1.1	전기이월	5,000
			12.31	손 익	2,600
		7,600			7,600
			1.1	전기이월	7,600

(4) 이월시산표의 작성

총계정원장 마감의 정확성을 확인하기 위하여 이월시산표를 작성한다. 이월시산표 차변에는 자산계정의 잔액을, 대변에는 부채·자본계정의 차기이월액(잔액)을 기록한다.

예제

위 (3)에서 예시한 당기순이익 2,600원을 반영하여 재무상태표계정을 마감한 차기이월액(잔액)은 다음 자료와 같다. 이를 통해 이월시산표를 작성하시오.

현금및현금성자산	1,000원	단기금융상품	7,000원
미지급금	400원	자본금	7,600원

| 풀이 |

이월시산표

인천상사 20×6년 12월 31일 현재 (단위: 원)

현금및현금성자산	1,000	미지급금	400
단기금융상품	7,000	자본금	7,600
	8,000		8,000

직무능력평가 2-1

다음 결산정리사항을 자료로 총계정원장을 마감하고 이월시산표를 작성하시오. 또한 기말정리분개와 비용·수익계정의 손익대체분개와 집합손익계정의 자본금 대체분개도 하시오.

[결산정리사항]

(1) 기말상품재고액 300원
(2) 비품감가상각은 정액법에 의한다. 단, 내용연수 5년, 잔존가액은 없다.
(3) 보험료 미경과액 20원
(4) 급여 미지급액 80원

| 해답 |

[결산정리분개]

구분	차변		대변	
	계정과목	금액	계정과목	금액
(1)				
(2)				
(3)				
(4)				

총계정원장

현금(1)

…	1,700	…	1,390

외상매출금(2)

…	1,950	…	750

이월상품(3)

전기이월	200		

비품(4)

…	400		

외상매입금(5)

…	500	…	1,230

비품감가상각누계액(6)

		…	80

자본금(7)

		…	1,000

매출(8)

…	200	…	2,600

매입(9)

…	2,300	…	490

급여(10)

…	240		

보험료(11)	
… 50	

감가상각비(12)	

미지급급여(13)	

선급보험료(14)	

손 익	

이월시산표	

[비용 · 수익 대체분개]

구분	차변		대변	
	계정과목	금액	계정과목	금액

[당기순이익 대체분개]

구분	차변		대변	
	계정과목	금액	계정과목	금액

2.2 보조장부 마감

학습목표(수행준거)

회계관련 규정에 따라 보조장부를 마감할 수 있다.

(1) 회계장부(accounting books)의 종류

회계장부는 거래를 총괄하여 기록·계산하는 주요부와 주요부에 요약된 내용을 보충하는 보조부가 있다.

<table>
<tr><td rowspan="4">회계장부</td><td rowspan="2">주요부</td><td colspan="2">분개장(실무에서는 전표를 대신 사용하기도 함)</td></tr>
<tr><td colspan="2">총계정원장(보통 원장이라고도 함)</td></tr>
<tr><td rowspan="2">보조부</td><td>보조기입장</td><td>현금출납장, 당좌예금출납장, 매입장, 매출장
받을어음기입장, 지급어음기입장 등</td></tr>
<tr><td>보조원장</td><td>상품재고장, 매입처원장, 매출처원장 등</td></tr>
</table>

(2) 주요부

주요부에는 분개장과 총계정원장이 있는데 복식부기를 하기 위해서 반드시 필요한 장부이다.

1) 분개장

거래가 발생하면 거래 내용을 분석하여 발생 순서대로 기록하는 장부이다. 이는 거래의 내용을 총계정원장의 각 계정 계좌에 전기하기 위한 준비 또는 매개 역할을 한다.

2) 총계정원장

거래를 계정과목별로 기록·계산·요약하는 장부이다.

(3) 보조부

총계정원장의 특정 계정기록을 상세히 보충하여 기록하는 장부로서 주요부의 부족한 사항을 보완하는 장부이다. 업종이나 경영규모에 따라 그 종류와 명칭을 달리하기도 한다.

1) 보조기입장

거래가 빈번하게 발생하는 계정에 대하여 거래를 발생한 순서대로 상세히 기록하는 장부이다. 보조기입장의 잔액은 특정 계정의 잔액과 일치한다.

보조기입장	계정과목	거래
현금출납장	현금	현금의 수입과 지출 거래
당좌예금출납장	당좌예금	당좌예금의 예입과 당좌수표 발행
현금·당좌예금 출납장	현금·당좌예금	현금의 수입과 지출 및 당좌예금의 예입과 당좌수표 발행
소액현금출납장	소액현금	소액현금의 지출 및 보급에 관한 거래
받을어음기입장	받을어음	어음에 대한 채권 발생과 소멸
지급어음기입장	지급어음	어음에 대한 채무 발생과 소멸
매입장	매입	상품 매입과 환출·매입에누리·할인(적기)의 거래
매출장	매출	상품 매출과 환입·매출에누리·할인(적기)의 거래

2) 보조원장

총계정원장의 어떤 계정을 성질별로 나누어 상세하게 기록하는 장부이다.

보조원장	계정과목	거래
상품재고장	이월상품·매입 매출 또는 상품	매입장과 매출장에 기록하는 거래를 기록하되 매출에누리와 매출할인은 제외
매입처원장	외상매입금	외상매입금의 증가와 감소의 거래
매출처원장	외상매출금	외상매출금의 증가와 감소의 거래

(4) 매입장과 매출장의 기록과 마감

1) 매입장의 기록과 마감

상품의 매입액과 매입에누리·매입할인·환출액을 기록하는 보조기입장을 매입장이라 한다. 보조기입장으로서 매입장의 순매입액은 매입계정의 차변잔액과 일치한다.

매 입 장

201×년		적요		금액
1	8	(한국상사) 외상		
		갑 상품 100개 @200원	20,000	
		인수운임 현금지급	1,500	21,500
	31	총매입액		130,000
	31	매입에누리·매입할인·환출액		4,000
	31	순매입액		126,000

〈매입장의 기록과 마감방법〉

① 날짜, 매입처명, 대금의 지급방법, 품명, 수량, 단가, 금액 등을 자세히 기록한다.

② 매입에누리·매입할인·환출액은 붉은 글씨로 기록한 후, 장부를 마감할 때는 총매입액에서 차감하여 순매입액을 산출한다.

> 총매입액－매입에누리·매입할인·환출액＝순매입액

2) 매출장의 기록과 마감

상품매출액과 매출에누리·매출할인·환입액을 기록하는 보조장부를 매출장이라 한다. 보조기입장으로서 매출장의 순매출액은 매출계정의 대변잔액과 일치한다.

매 출 장

201×년		적요		금액
1	10	(춘천상사) 현금 갑 상품 30개 @300원		9,000
	31	총매출액		240,000
	31	매출에누리 · 매출할인 · 환입액		3,000
	31	순매출액		237,000

〈매출장의 기록과 마감방법〉

① 날짜, 매출처명, 대금의 수취방법, 품명, 수량, 단가, 금액 등을 자세히 기록한다.

② 매출에누리 · 매출할인 · 환입액은 붉은 글씨로 기록한 후, 장부를 마감할 때는 총매출액에서 차감하여 순매출액을 산출한다.

총매출액 − 매출에누리 · 매출할인 · 환입액 = 순매출액

(5) 상품재고장의 기록과 마감

상품을 종류별로 인수하거나 인도할 때마다 기입하여 현재의 잔액을 정확하게 표시하는 보조원장을 상품재고장이라고 하며 인도단가를 결정하는 방법에는 선입선출법, 후입선출법, 이동평균법, 총평균법이 있다.

1) 선입선출법(first in first out method: FIFO)

상품을 인도(매출)할 때의 단가를 먼저 매입한 상품의 단가로 결정하는 방법으로 매입순법이라고도 한다.

2) 후입선출법(last in first out method: LIFO)

상품을 인도(매출)할 때의 단가를 나중에 매입한 상품의 단가로 결정하는 방법으로 매입역법이라고도 한다. 후입선출법은 한국채택국제회계기준에서는 인정하지 않고 있다.

3) 이동평균법(moving average method: MAM)

동일한 상품을 단가가 다르게 매입할 때마다 평균단가를 계산한 후, 상품을 인도(매출)할 때 평균된 단가를 인도단가로 결정하는 방법이다.

> 이동평균단가 = (매입전 잔액란의 금액 + 매입금액) ÷ (매입전 잔액란의 수량 + 매입수량)

4) 총평균법(total average method: TAM)

기초재고액과 일정기간에 대한 순매입액의 합계액을 기초수량과 순매입수량을 합산한 수량으로 나누어서 총평균단가를 구하고, 이를 인도단가로 결정하는 방법이다.

> 총평균단가 = (전기이월액 + 순매입금액) ÷ (전기이월의 수량 + 순매입수량)

보충설명 ◦ 단가결정방법의 효과

구분	선입선출법	평균법	후입선출법
인플레이션(물가상승)시	이익 많음	중간	이익 적음
디플레이션(물가하락)시	이익 적음	중간	이익 많음

* 기말상품재고액이 최근 시가로 반영되는 방법은 선입선출법이다.

5) 상품재고장 작성방법

① 상품을 종류별로 각각 기록한다.

② 상품 매입시는 인수란에 상품 매출시는 인도란에 원가로 기록하며, 잔액(잔고)란은 상품의 현재 재고액을 표시한다.

③ 매입에누리·매입할인·환출액은 인수란에 붉은 글씨로 기입하거나, 인도란에 흑기한다.

④ 매출환입액은 인도란에 붉은 글씨로 기록하거나, 인수란에 흑기한다.

⑤ 매출에누리·매출할인과 매출운임은 상품재고장에 기록하지 않는다.

⑥ 상품재고장을 마감할 때는 인수란과 인도란에 붉은 글씨로 기록한 것을 차감해 주어야 한다.

⑦ 선입선출법과 후입선출법으로 상품재고장을 작성할 때, 잔고란의 단가가 다르면 인수(입고) 순으로 잔고를 구분하여 기록한다.

예제

다음 백두상사의 10월 중 상품거래를 선입선출법, 후입선출법, 이동평균법으로 상품재고장에 각각 기입하여 마감하시오.

10월 1일 전월이월 20개 @10원 200원
10월 3일 매입 40개 @12원 480원
10월 5일 매입에누리 40원(10월 3일 매입분)
10월 18일 매입 140개 @14원 1,960원
10월 23일 환출 40개(10월 18일 매입분)
10월 26일 매출 120개 @20원 2,400원

| 풀이 |

상품재고장

(선입선출법) 품명: 갑 상품 (단위: 원)

날짜	적요	인수			인도			잔고		
		수량	단가	금액	수량	단가	금액	수량	단가	금액
10. 1	전월이월	20	10	200				20	10	200
10. 3	매입	40	12	480				20	10	200
								40	12	480
10. 5	매입에누리						40	20	10	200
								40	11	440
10.18	매입	140	14	1,960				20	10	200
								40	11	440
								140	14	1,960
10.23	환출				40	14	560	20	10	200
								40	11	440
								100	14	1,400
10.26	매출				20	10	200			
					40	11	440			
					60	14	840	40	14	560
10.31	차월이월				40	14	560			
		200		2,640	200		2,640			
11.1	전월이월	40	14	560				40	14	560

상품재고장

(이동평균법) 품명: 갑 상품 (단위: 원)

날짜	적요	인수			인도			잔고		
		수량	단가	금액	수량	단가	금액	수량	단가	금액
10. 1	전월이월	20	10	200				20	10	200
10. 3	매입	40	12	480				60	11.3	680
10. 5	매입에누리						40	60	10.7	640
10.18	매입	140	14	1,960				200	13	2,600
10.23	환출				40	14	560	160	12.8	2,040
10.26	매출				120	12.8	1,536	40	12.6	504
10.31	차월이월				40	12.6	504			
		200		2,640	200		2,640			
11.1	전월이월	40	12.6	504				40	12.6	504

상품재고장

(후입선출법) 품명: 갑 상품 (단위: 원)

날짜	적요	인수			인도			잔고		
		수량	단가	금액	수량	단가	금액	수량	단가	금액
10. 1	전월이월	20	10	200				20	10	200
10. 3	매입	40	12	480				20	10	200
								40	12	480
10. 5	매입에누리						40	20	10	200
								40	11	440
10.18	매입	140	14	1,960				20	10	200
								40	11	440
								140	14	1,960
10.23	환출				40	14	560	20	10	200
								40	11	440
								100	14	1,400
10.26	매출				100	14	1,400			
					20	11	220	20	10	200
								20	11	220
10.31	차월이월				20	10	200			
					20	11	220			
		200		2,640	200		2,640			
11.1	전월이월	20	10	200				20	10	200
		20	11	220				20	11	220

직무능력평가 2-2

다음 설악상사의 8월 중 상품거래를 선입선출법, 후입선출법, 이동평균법으로 상품재고장에 각각 기입하여 마감하시오.

9월 1일 전월이월 30개 @5원 150원

9월 4일 매입 50개 @7원 350원

9월 6일 매입에누리 50원(9월 4일 매입분)

9월 19일 매입 100개 @8원 800원

9월 25일 환출 10개(9월 19일 매입분)

9월 27일 매출 110개 @10원 1,100원

| 풀이 |

상품재고장

(선입선출법) 품명: 갑 상품 (단위: 원)

날짜	적요	인수			인도			잔고		
		수량	단가	금액	수량	단가	금액	수량	단가	금액

상품재고장

(이동평균법) 품명: 갑 상품 (단위: 원)

날짜	적요	인수			인도			잔고		
		수량	단가	금액	수량	단가	금액	수량	단가	금액

상품재고장

(후입선출법) 품명: 갑 상품 (단위: 원)

날짜	적요	인수			인도			잔고		
		수량	단가	금액	수량	단가	금액	수량	단가	금액

2.3 장부의 오류수정

학습목표(수행준거)

회계관련 규정에 따라 각 장부의 오류를 수정할 수 있다.

(1) 회계오류

회계오류는 회계원칙의 잘못된 적용, 사실의 누락과 오용, 계산실수 등으로 발생한다. 이러한 오류를 당기 중(재무제표 작성완료 전)에 발견하였다면, 바르게 수정하면 된다. 그러나 회계오류를 오류가 발생한 시점 이후의 회계기간에 발견하였다면 중대한 오류는 소급법(전기 미처분이익잉여금에 반영)을 적용하고 중대하지 않은 오류는 당기처리법(당기 영업외수익 또는 영업외비용 처리)을 적용한다.

(2) 오류의 수정방법

1) 당기 발생부분 수정

발견 즉시 다음과 같이 즉시 수정한다.

① 잘못 분개된 변의 계정과목과 금액의 기록을 반대 변에 기록하여 제거한다.

② 바른 분개를 통해 누락이 확인된 변의 계정과목과 금액을 분개를 통해 기록한다.

예제

다음 20×6 회계연도 중 발견된 오류를 수정하는 수정분개를 하시오.

(1) 상품 5,000원을 현금으로 매출한 것을 외상매출금의 회수로 오기(잘못분개)하다.

(2) 광고비 2,000원을 현금으로 지급한 것이 기장(분개) 누락되다.

(3) 영업용 기계장치 6,000원을 외상으로 구입한 것이 외상매입금계정에 기록되었다.

(4) 임차료 3,200원을 수표를 발행하여 지급하였으나 현금지급으로 오기(잘못분개)하다.

(5) 이자 2,700원을 현금으로 지급하고 수수료를 지급한 것으로 오기(잘못분개)하다.

(6) 수수료 1,000원을 현금으로 받고 10,000원을 받은 것으로 오기(잘못분개)하다.
(7) 임대료 5,000원을 현금으로 받고 500원을 받은 것으로 (잘못분개)하다.

| 풀이 |

구분		차변		대변	
(1)	잘못된 분개	현금	5,000	외상매출금	5,000
	수정분개	외상매출금	5,000	매출	5,000
(2)	잘못된 분개	분개하지 않았음			
	수정분개	광고선전비	2,000	현금	2,000
(3)	잘못된 분개	기계장치	6,000	외상매입금	6,000
	수정분개	외상매입금	6,000	미지급금	6,000
(4)	잘못된 분개	임차료	3,200	현금	3,200
	수정분개	현금	3,200	당좌예금	3,200
(5)	잘못된 분개	수수료비용	2,700	현금	2,700
	수정분개	이자비용	2,700	수수료비용	2,700
(6)	잘못된 분개	현금	10,000	수수료수익	10,000
	수정분개	수수료수익	9,000	현금	9,000
(7)	잘못된 분개	현금	500	임대료	500
	수정분개	현금	4,500	임대료	4,500

2) 전기이전 발생부분 수정

계정분류상의 오류로 당기순이익에 미치는 영향이 없다면 바르게 수정한다. 그러나 당기순이익에 미치는 영향이 있는 오류는 자동조정오류와 비자동조정오류로 나누어 회계처리한다.

① 자동조정오류

자동조정오류는 2개의 회계기간이 경과(장부마감)하면 오류가 상쇄되는 오류이다. 즉 오류로 발생한 순이익의 증가(감소)가 다음 회계기간에 순이익의 감소(증가)를 발생시켜 오류의 효과가 자동적으로 상쇄되는 오류를 말한다. 이러한 오류에는 재고자산, 선급비용, 선수수익, 미지급비용, 미수수익 등의 과대(과소)계상이 있다. 주의할 점은 오류발생시점으로부터 2개의 회계기간이 경과하지 않고 1개의 회계기간이 경과하고 2번째 회계기간의 장부마감 전이라면 그 오류에 대해서는 수정하여야 한다는 것이다.

② 비자동조정오류

비자동조정오류는 2개의 회계기간이 경과해도 오류가 자동으로 조정되지 않는 오류이다. 따라서 오류발생 시점이 속한 회계기간이 경과한 경우에는 소급해서 오류를 수정해야 한다.

예제

20×6년 1월 1일 동국상사는 건물 6,000원을 구입하고 당일 즉시 승강기를 설치하고 4,000원의 현금을 지급하고 수선비로 비용을 계상하였다. 단, 건물의 감가상각(정액법)은 내용연수 4년이고 잔존가액은 없다. 20×7년 결산시 오류를 발견하였을 경우의 오류 수정분개를 하시오.

| 풀이 |

구분		차변		대변	
20×6년	잘못된 분개	수선비	4,000	현금	4,000
	20×6년 발견시	건물	4,000	수선비	4,000
20×7년	20×6년 미수정시 수정분개(20×6년분)	건물	4,000	이월이익잉여금	4,000
		이월이익잉여금*	1,000	감가상각누계액	1,000
	결산분개	감가상각비**	2,500	감가상각누계액	2,500

* 건물(자본적지출) 4,000÷4년=1,000

** (취득원가 6,000+자본적지출 4,000)÷4년=2,500

직무능력평가 2-3

1. 다음 20×6 회계연도 중 발견된 오류를 수정하는 수정분개를 하시오(상품거래는 3분법 적용).

(1) 상품 4,000원을 현금으로 지급하고 매입한 것을 외상매입금을 지급한 것으로 오기(잘못분개)하다.

(2) 전기요금 3,000원을 현금으로 지급한 것이 기장(분개) 누락되다.

(3) 영업용 차량 5,000원을 외상으로 구입한 것이 외상매입금계정에 기록되었다.

(4) 차입금에 대한 이자 2,100원을 현금으로 지급하였으나 수표를 발행하여 지급으로 오기(잘못분개)하다.

(5) 이자 3,800원을 현금으로 받고 수수료를 받은 것으로 오기(잘못분개)하다.

(6) 수수료 1,200원을 현금으로 지급하고 12,000원을 지급한 것으로 오기(잘못분개)하다.

(7) 임차료 4,000원을 현금으로 지급하고 400원을 지급한 것으로 (잘못분개)하다.

| 풀이 |

구분		차변	대변
(1)			
(2)			
(3)			
(4)			
(5)			
(6)			
(7)			

2. 20×6년 1월 1일 한일상사는 건물 5,000원을 구입하고 당일 즉시 승강기를 설치하고 1,000원의 현금을 지급하고 수선비로 비용을 계상하였다. 단, 건물의 감가상각(정액법)은 내용연수 5년이고 잔존가액은 없다. 20×6년과 20×7년 결산시 각각 오류를 발견하였을 경우의 오류 수정분개를 하시오.

| 풀이 |

구분		차변	대변
20×6년	잘못된 분개		
	20×6년 발견시 수정분개		
20×7년	20×6년 미수정시 수정분개 (20×6년분)		
	결산분개		

2.4 자본의 증감 파악

학습목표(수행준거)

자본거래를 파악하여 자본의 증감 여부를 파악할 수 있다.

(1) 자본의 증가

주식회사는 설립시 주식을 발행해서 자본을 조달한다. 이후 사업의 확장, 차입금 상환 등을 위해 추가로 주식을 발행해 실질적으로 자본을 증가시킬 수도 있다. 한편, 잉여금을 재원으로 수식을 발행하여 명목상의 자본금만을 증가시킬 수도 있으나 이 경우에는 전체 자본의 변동은 없다. 주식을 발행할 때는 액면가와 발행가와의 관계에 따라 액면발행, 할증발행, 할인발행으로 구분한다.

<table>
<tr><th colspan="2">구분</th><th>거래내용</th><th colspan="2">차변</th><th colspan="2">대변</th></tr>
<tr><td rowspan="3">실질적 증자 (유상 증자)</td><td>액면(평가) 발행(액면 =발행가액)</td><td>사업확장을 위해 주식 100주(액면 @100원)를 평가발행하고 납입대금은 당좌예입하다.</td><td>당좌예금</td><td>10,000</td><td>자본금</td><td>10,000</td></tr>
<tr><td>할증발행 (액면<발행 가액)</td><td>위 주식 100주를 주당 120원에 할증발행하다.</td><td>당좌예금</td><td>12,000</td><td>자본금
주식발행초과금</td><td>10,000
2,000</td></tr>
<tr><td>할인발행 (액면>발행 가액)</td><td>위 주식 100주를 주당 90원에 할인발행하다.</td><td>당좌예금
주식할인발행차금</td><td>9,000
1,000</td><td>자본금</td><td>10,000</td></tr>
<tr><td>형식적 증자 (무상 증자)</td><td>평가발행 (액면=발행 가액)</td><td>이사회 결의로 기발행된 자본잉여금 5,000원을 자본에 전입하다.</td><td>자본잉여금</td><td>5,000</td><td>자본금</td><td>5,000</td></tr>
</table>

(2) 자본의 감소

회사는 회사의 자본금이 너무 크거나 경영성과가 좋지 않아 결손이 누적적으로 발생하는 경우 자본금을 감소시킨다. 이와 같이 자본금을 감소시키는 것을 감자라 한다. 감자는 주주에게 주식을 회수하고 주금을 지급하면 실질적 감자(유상감자), 주금을 지급하지 않으면 형식적 감자(무상감자)라 한다.

구분	거래내용	차변	대변
실질적 감자	사업규모를 축소하기 위하여 발행주식 10주(액면 @500원)를 1주당 450원에 현금으로 매입하여 소각하다.	자본금 5,000	현금 4,500 감자차익 500
형식적 감자	이월결손금 5,000원을 보존하기 위하여 발행주식 100주(액면 @500원) 중 12주를 무상소각하다.	자본금 6,000	이월결손금 5,000 감자차익 1,000

(3) 자기주식의 취득과 처분

회사 자신이 발행한 주식은 원칙적으로 그 취득을 금지하고 있다. 그러나 소각, 합병 또는 다른 회사의 영업 전부의 양수, 주주가 매수청구권을 행사하는 경우 등에 한해서 일시적으로 취득이 가능하다. 이때 취득한 주식을 '자기주식'이라 하고 자본조정 항목으로 자본에서 차감하도록 하고 있다. 이후 처분시 자기주식을 취득원가보다 높게 처분하면 자기주식처분이익(자본잉여금), 낮게 처분하면 자기주식처분손실(자본조정)이 발생한다.

구분	기록시기	거래내용	차변	대변
(1)	취득시	자사가 발행한 주식 10주(액면 @500원)를 1주당 600원에 현금을 주고 일시 취득하다.	자기주식 6,000	현금 6,000
(2)	고가 처분시	위 (1)의 주식 중 5주를 @700원의 현금을 받고 처분하다.	현금 3,500	자기주식 3,000 자기주식처분이익 500
(3)	저가 처분시	위 (1)의 주식 중 3주를 @500원의 현금을 받고 처분하다.	현금 1,500 자기주식처분이익 300	자기주식 1,800

* 자기주식처분이익은 자본잉여금 항목이다. 자기주식처분손실은 자본조정 항목으로서 발생시 이미 발생한 자기주식처분이익에서 차감하고 그래도 잔액이 있으면 잉여금처분시 잉여금에서 차감한다. 따라서 (3)의 저가처분시 본래는 자기주식처분손실이 발생하지만 자기주식처분이익이 기록되어 소멸되었다.

직무능력평가 2-4

1. 다음 거래를 분개하시오.

(1) 사업확장을 위해 주식 100주(액면 @500원)를 평가발행하고 납입대금은 당좌예입하다.

(2) 사업확장을 위해 주식 100주(액면 @500원)를 1주당 540원에 할증발행하고 납입대금은 당좌예입하다.

(3) 사업확장을 위해 주식 100주(액면 @500원)를 1주당 480원에 할인발행하고 납입대금은 당좌예입하다.

(4) 이사회 결의로 기발생된 주식발행초과금 30,000원을 자본에 전입하다.

| 풀이 |

구분	차변		대변	
	계정과목	금액	계정과목	금액
(1)				
(2)				
(3)				
(4)				

2. 다음 거래를 분개하시오.

(1) 사업규모를 축소하기 위하여 발행주식 100주(액면 @500원)를 1주당 430원에 현금으로 매입하여 소각하다.

(2) 이월결손금 8,000원을 보전하기 위하여 발행주식 500주(액면 @500원) 중 20주를 무상으로 소각하다.

| 풀이 |

구분	차변		대변	
	계정과목	금액	계정과목	금액
(1)				
(2)				

3. 다음 연속된 거래를 분개하시오.

(1) 자사가 발행한 주식 50주를(액면 @500원)를 1주당 700원에 현금을 주고 일시 취득하다.

(2) 위 (1)의 주식 중 10주를 1주당 760원의 현금을 받고 처분하다.

(3) 위 (1)의 주식 중 20주를 1주당 600원의 현금을 받고 처분하다.

| 풀이 |

구분	차변		대변	
	계정과목	금액	계정과목	금액
(1)				
(2)				
(3)				

Chapter 03

재무제표 작성

재무제표 작성하기(능력단위요소)를 위해 필요한 지식, 기술, 태도

구분	필요사항
지식	• 기업실무에 적용되는 회계관련 규정 • 계정과목에 대한 지식 • 재무제표의 상호연계성
기술	• 재무제표 작성과 표시능력
태도	• 수리적 정확도를 기하려는 자세 • 회계관련 규정 준수에 대한 의지

능력단위요소	수행준거(학습목표)
3. 재무제표 작성하기	3.1 회계관련 규정에 따라 재무상태표를 작성할 수 있다. 3.2 회계관련 규정에 따라 손익계산서를 작성할 수 있다. 3.3 회계관련 규정에 따라 자본변동표를 작성할 수 있다. 3.4 회계관련 규정에 따라 현금흐름표를 작성할 수 있다. 3.5 회계관련 규정에 따라 이익잉여금처분계산서를 작성할 수 있다. 3.6 회계관련 규정에 따라 재무제표에 대한 주석사항을 표시할 수 있다.

3.1 재무상태표 작성

학습목표(수행준거)

회계관련 규정에 따라 재무상태표를 작성할 수 있다.

(1) 재무상태표 목적

재무상태표는 일정시점 현재 기업이 보유하고 있는 경제적 자원인 자산과 경제적 의무인 부채, 그리고 자본에 대한 정보를 제공하는 재무보고서로서, 정보이용사들이 기업의 유동성, 재무적 탄력성, 수익성과 위험 등을 평가하는 데 유용한 정보를 제공한다.

(2) 재무상태표 작성방법

1) 재무상태표의 기본구조와 표시

재무상태표의 구성요소인 자산, 부채, 자본은 각각 다음과 같이 구분한다.

<table>
<tr><th colspan="3">분류</th><th>계정과목</th></tr>
<tr><td rowspan="6">자산</td><td rowspan="2">유동자산</td><td>당좌자산</td><td>현금및현금성자산, 단기금융상품, 단기매매증권, 단기대여금, 매출채권, 선급비용, 미수수익, 미수금, 선급금 등</td></tr>
<tr><td>재고자산</td><td>(이월)상품, 제품, 반제품, 재공품, 원재료, 저장품 등</td></tr>
<tr><td rowspan="4">비유동자산</td><td>투자자산</td><td>투자부동산, 매도가능증권, 만기보유증권, 지분법적용투자주식, 장기대여금, 장기금융상품 등</td></tr>
<tr><td>유형자산</td><td>토지, 설비자산(건물, 기계장치), 비품, 차량운반구, 건설중인자산 등</td></tr>
<tr><td>무형자산</td><td>영업권, 산업재산권, 개발비, 기타무형자산(라이선스, 프랜차이즈, 저작권, 컴퓨터소프트웨어), 임차권리금, 광업권, 어업권 등</td></tr>
<tr><td>기타비유동자산</td><td>이연법인세자산, (임차)보증금, 장기매출채권, 장기미수금, 장기선급비용, 장기선급금 등</td></tr>
</table>

구분	항목		내용
부채	유동부채		단기차입금, 매입채무, 미지급법인세, 미지급비용, 선수수익, 선수금, 미지급금, 예수금 등
	비유동부채		사채, 신주인수권부사채, 전환사채, 장기차입금, 퇴직급여충당부채, 장기제품보증충당부채, 이연법인세부채, 장기매입채무 등
자본	납입자본	자본금	보통주자본금, 우선주자본금
		자본잉여금	주식발행초과금, 감자차익, 자기주식처분이익
	기타자본요소	자본조정	자기주식, 주식할인발행차금, 주식매수선택권, 출자전환채무, 감자차손, 자기주식처분손실, 배당건설이자, 미교부주식배당금, 신주청약증거금 등
		기타포괄손익누계액	매도가능증권평가손익, 해외사업환산손익, 현금흐름위험회피파생상품평가손익, 재평가잉여금 등
	이익잉여금		이익준비금, 기타법정적립금, 임의적립금, 미처분이익잉여금 등

보충설명 ∘ 유동과 비유동의 구분

1년을 기준으로 자산은 유동자산과 비유동자산, 부채는 유동부채과 비유동부채로 분류한다. 다만, 정상적인 영업주기 내에 판매(사용) 또는 회수되는 자산과 소멸할 것으로 예상되는 부채는 보고기간종료일로부터 1년 이내에 실현 또는 결제되지 않더라도 유동자산과 유동부채로 분류한다.

2) 재무상태표 항목의 구분과 통합표시

자산, 부채, 자본 중 중요한 항목은 재무상태표 본문에 별도 항목으로 구분하여 표시한다. 중요하지 않은 항목은 성격 또는 기능이 유사한 항목에 통합하여 표시할 수 있으며, 통합할 적절한 항목이 없는 경우에는 기타항목으로 통합할 수 있다. 이 경우 세부 내용은 주석으로 기재한다.

3) 자산과 부채의 총액표시

자산과 부채는 원칙적으로 상계하여 표시하지 않는다. 다만, 기업회계기준에서 특별히 요구하거나 허용하는 경우에는 예외로 한다.

3.2 손익계산서 작성

학습목표(수행준거)

회계관련 규정에 따라 손익계산서를 작성할 수 있다.

(1) 손익계산서 목적

손익계산서는 일정기간 동안 기업의 경영성과에 대한 정보를 제공하는 재무보고서이다. 손익계산서는 당해 회계기간의 경영성과를 나타낼 뿐만 아니라 기업의 미래현금흐름과 수익창출능력 등의 예측에 유용한 정보를 제공한다.

(2) 손익계산서 작성방법

1) 손익계산서 기본구조와 표시

손익계산서는 다음과 같이 구분하여 표시한다. 다만, 제조업, 판매업 및 건설업 외의 업종에 속하는 기업은 매출총손익의 구분표시를 생략할 수 있다.

구분손익 계산

① 매출총손익=(순)매출액－매출원가
② 영업손익=매출총이익－판매비와관리비
③ 법인세비용차감전(계속사업)순손익=영업손익＋영업외수익－영업외비용
④ 계속사업손익*=법인세비용차감전(계속사업)순손익－(계속사업손익)법인세비용
⑤ 당기순손익=계속사업손익±중단사업손익(법인세효과차감후)

* 중단사업손익이 없는 경우는 ④구분에서 계속사업손익이 아닌 당기순손익을 계산하여 표시한다.

2) 수익과 비용의 총액표시

수익과 비용은 각각 총액으로 보고하는 것을 원칙으로 한다. 다만, 기업회계기준에서 수익과 비용을 상계하도록 요구하는 경우에는 상계하여 표시하고, 허용하는 경우에도 상계하여 표시할 수 있다.

보충설명 ∘ 포괄손익계산서

주권상장법인은 한국채택국제회계기준(K-IFRS)에 따라 의무적으로 손익계산서(단일포괄손익계산서를 작성하는 경우 생략함)와는 별개로 손익계산서에 기타포괄손익이 가감된 포괄손익계산서를 작성하고 보고하여야 한다. 포괄손익계산서는 영업손익을 별도로 구분표시하도록 강제하지 않는다. 또한 포괄손익계산서는 성격별 또는 기능별로 작성하여 계속 적용할 수 있고, 그 선택은 기업이 결정한다.

예제

동부상사의 20×6년 12월 31일의 수정전 잔액시산표와 결산정리사항이 다음과 같을 때, 필요한 결산정리 분개와 수정후 잔액시산표, 손익계산서, 재무상태표를 작성하시오.

수정전 잔액시산표

동부상사 20×6년 12월 31일 현재 (단위: 원)

차변	금액	대변	금액
현금및현금성자산	1,700	외상매입금	230
단기매매증권	500	대손충당금	5
외상매출금	800	건물감가상각누계액	180
이월상품	250	자본금	4,100
건물	1,800	매출	3,500
매입	2,800	임대료	95
급여	150	이자수익	35
소모품비	50		
보험료	48		
수수료비용	17		
잡비	30		
	8,145		8,145

[결산정리자료]

(1) 기말상품재고액 상품 40개 @7원 280원
(2) 단기매매증권 소유주식 5주 액면가 @200원, 장부가 @100원, 기말현재 공정가 @90원
(3) 외상매출금 기말잔액에 대하여 1%의 대손을 예상하다.
(4) 건물은 정액법으로 감가상각한다. 단, 건물의 내용연수는 10년이며 잔존가액은 없다.
(5) 소모품비의 미사용액은 20원이다.
(6) 보험료 기중 1년분 지급액 48원 중 3개월분은 미경과액이다.
(7) 임대료 선수분은 15원이다.
(8) 이자 미수분 8원을 예상하다.

| 풀이 |

구분	차변		대변	
	계정과목	금액	계정과목	금액
(1)	매입	250	이월상품	250
	이월상품	280	매입	280
(2)	단기매매증권 평가손실	50	단기매매증권	50
	(장부가 @100원×5주)−(공정가 @90×5주)=50원			
(3)	대손상각비	3	대손충당금	3
	외상매출금 800원×1%=대손추산액 8원, 8원−기설정충당금 5원=3원			
(4)	건물감가상각비	180	건물감가상각누계액	180
	(건물 1,800원−잔존가액 0)÷10년=180원			
(5)	소모품	20	소모품비	20
(6)	선급보험료	12	보험료	12
	(1년분 보험료 48원÷12개월)×3개월=12원			
(7)	임대료	15	선수임대료	15
(8)	미수이자	8	이자수익	8

수정후 잔액시산표

동부상사 20×6년 12월 31일 현재 (단위: 원)

차변	금액	대변	금액
현금및현금성자산	1,700	외상매입금	230
단기매매증권	450	대손충당금	8
외상매출금	800	건물감가상각누계액	360
이월상품	280	선수임대료	15
건물	1,800	자본금	4,100
매입	2,770	매출	3,500
급여	150	임대료	80
소모품비	30	이자수익	43
보험료	36		
수수료비용	17		
잡비	30		
소모품	20		
선급보험료	12		
미수이자	8		
단기매매증권 평가손실	50		
대손상각비	3		
건물 감가상각비	180		
	8,336		8,336

재무상태표

차변	금액	대변	금액
현금및현금성자산	1,700	외상매입금	230
단기매매증권	450	대손충당금	8
외상매출금	800	건물감가상각누계액	360
이월상품	280	선수임대료	15
건물	1,800	자본금	4,100
소모품	20	당기순이익	357
선급보험료	12		
미수이자	8		
	5,070		5,070

손익계산서

차변	금액	대변	금액
매입	2,770	매출	3,500
급여	150	임대료	80
소모품비	30	이자수익	43
보험료	36		
수수료비용	17		
잡비	30		
단기매매증권평가손실	50		
대손상각비	3		
건물감가상각비	180		
당기순이익	357		
	3,623		3,623

예제

다음 기말 결산정리사항에 의하여 정산표를 완성하고, 재무상태표와 포괄손익계산서를 작성하시오.

[기말 결산정리사항]

(1) 기말상품재고액 300원이다.
(2) 기말매출채권 잔액의 2%를 대손충당금으로 설정한다.
(3) 단기매매증권의 공정가액 200원이다.
(4) 보험료 중 미경과액은 70원이다.
(5) 기계장치감가상각은 정률법(정률 10%)을 적용한다.
(6) 가수금은 수수료수익 입금으로 판명되다.
(7) 현금과부족은 원인불명이다.
(8) 당기분 법인세비용 추산액은 60원이다.

| 풀이 |

[결산정리분개]

구분	차변		대변	
	계정과목	금액	계정과목	금액
(1)	매입	200	이월상품	200
	이월상품	300	매입	300
(2)	대손상각비	10	대손충당금	10
	매출채권 3,000×2%=대손추산액 60원, 60원－기설정충당금 50원=10원			
(3)	단기매매증권평가손실	150	단기매매증권	150
	장부가 350원－공정가 200원=150원			
(4)	선급보험료	70	보험료	70
(5)	감가상각비	180	기계장치감가상각누계액	180
	(기계장치 2,000원－동감가상각누계액 200)×10%=180원			
(6)	가수금	30	수수료수익	30
(7)	잡손실	20	현금과부족	20
(8)	법인세비용	60	미지급법인세	60

정 산 표

계정과목	시산표		정리기입		손익계산서		재무상태표	
	차변	대변	차변	대변	차변	대변	차변	대변
현금	500						500	
단기매매증권	350			③150			200	
매출채권	3,000						3,000	
대손충당금		50		②10				60
이월상품	200		①300	①200			300	
기계장치	2,000						2,000	
기계장치 감가상각누계액		200		⑤180				380
매입채무		210						210
가수금		30	⑥30					0
퇴직급여충당부채		700						700
자본금		3,000						3,000
매출		4,800				4,800		
수수료수익		180		⑥30		210		
매입	2,500		①200	①300	2,400			
급여	350				350			
보험료	120			④70	50			
소모품비	100				100			
잡비	30				30			
현금과부족	20			⑦20	0			
	9,170	9,170						
대손상각비			②10		10			
단기매매증권평가손실			③150		150			
선급보험료			④70				70	
감가상각비			⑤180		180			
잡손실			⑦20		20			
법인세비용			⑧60		60			
미지급법인세				⑧60				60
당기순이익					1,660			1,660
			1,020	1,020	5,010	5,010	6,070	6,070

재무상태표

경기상사 20×6년 12월 31일 현재 (단위: 원)

과목	금액	과목	금액	
자산		**부채**		전기분 생략
유동자산		**유동부채**		
현금	500	매입채무	210	
단기매매증권	200	미지급법인세	60	
매출채권	3,000	**비유동부채**		
(대손충당금)	(60)	퇴직급여충당부채	700	
선급보험료	70	**부채총계**	970	
이월상품	300	**자본**		
비유동자산		자본금	3,000	
기계장치	2,000	이익잉여금(당기순이익)	1,660	
(기계장치감가상각누계액)	(380)	**자본총계**	4,660	
자산총계	5,630	**부채와자본총계**	5,630	

포괄손익계산서

경기상사 20×6년 1월 1일~20×6년 12월 31일 (단위: 원)

과목	금액		
매출액		4,800	전기분 생략
매출원가		2,400	
매출총이익		2,400	
판매비와관리비		720	
급여	350		
보험료	50		
소모품비	100		
잡비	30		
대손상각비	10		
감가상각비	180		
영업이익		1,680	
영업외수익		210	
수수료수익	210		
영업외비용		170	
잡손실	20		
단기매매증권평가손실	150		
법인세비용차감전순이익		1,720	
법인세비용		60	
당기순이익		1,660	
기타포괄손익		0	
총포괄이익		1,660	

직무능력평가 3-1

1. 남부상사의 20×6년 12월 31일의 수정전 잔액시산표와 결산정리 사항이 다음과 같을 때, 필요한 결산정리분개와 수정후 잔액시산표, 손익계산서, 재무상태표를 작성하시오.

수정전 잔액시산표

남부상사 20×6년 12월 31일 현재 (단위: 원)

차변	금액	대변	금액
현금	800	매입채무	730
단기매매증권	1,200	대손충당금	18
매출채권	1,500	비품감가상각누계액	100
이월상품	150	자본금	3,200
소모품	70	매출	2,600
비품	1,000	임대료	95
매입	1,800	이자수익	27
급여	180		
보험료	24		
수수료비용	30		
잡비	16		
	6,770		6,770

[결산정리자료]

(1) 기말상품재고액 상품 50개 @4원 200원
(2) 단기매매증권 소유주식 10주 액면가 @100원, 장부가 @120원, 기말현재 공정가 @150원
(3) 매출채권 기말잔액에 대하여 2%의 대손을 예상하다.
(4) 비품은 정률법으로 정률 10%로 감가상각한다.
(5) 소모품의 사용액은 40원이다.
(6) 보험료 기중 1년분 지급액 24원 중 5개월분은 미경과액이다.
(7) 임대료 선수분은 30원이다.
(8) 이자 미수분 20원을 예상하다.

| 풀이 |

구분	차변		대변	
	계정과목	금액	계정과목	금액
(1)				
(2)				
(3)				
(4)				
(5)				
(6)				
(7)				
(8)				

수정후 잔액시산표

남부상사 20×6년 12월 31일 현재 (단위: 원)

재무상태표	

손익계산서	

2. 다음 기말 결산정리사항에 의하여 정산표를 완성하고, 재무상태표와 포괄손익계산서를 작성하시오.

[기말 결산정리사항]

(1) 기말상품재고액 150원이다.

(2) 기말 매출채권 잔액의 2% 대손충당금을 설정한다.

(3) 단기매매증권의 공정가액은 340원이다.

(4) 보험료 1년분 240원 중 4개월분은 미경과액이다.

(5) 기계장치감가상각은 정률법(정률 20%)을 적용한다.

(6) 가수금은 이자의 입금으로 판명되다.

(7) 현금및현금성자산의 실제잔액은 1,480원이다.

(8) 소모품의 미사용액은 50원이다.

(8) 당기분 법인세비용 추산액은 30원이다.

[결산정리분개]

구분	차변		대변	
	계정과목	금액	계정과목	금액
(1)				
(2)				
(3)				
(4)				

(5)				
(6)				
(7)				
(8)				
(9)				

| 풀이 |

정 산 표

계정과목	시산표		정리기입		손익계산서		재무상태표	
	차변	대변	차변	대변	차변	대변	차변	대변
현금및현금성자산	1,490							
단기매매증권	500							
매출채권	2,500							
대손충당금		30						
이월상품	100							
기계장치	1,000							
기계장치 감가상각누계액		380						
매입채무		300						
가수금		40						
퇴직급여충당부채		700						
자본금		3,500						
매출		3,400						
이자수익		180						
매입	2,100							
급여	500							
보험료	240							
소모품비	80							
잡비	20							
	8,530	8,530						
대손상각비								
단기매매증권평가손실								
선급보험료								
감가상각비								
잡손실								
소모품								
법인세비용								
미지급법인세								
당기순이익								

재무상태표

경동상사 20×6년 12월 31일 현재 (단위: 원)

과목	금액	과목	금액	전기분 생략
자산		부채		
유동자산		유동부채		
		비유동부채		
		부채총계		
		자본		
비유동자산				
		자본총계		
자산총계		부채와자본총계		

포괄손익계산서

경동상사 20×6년 1월 1일 ~ 20×6년 12월 31일 (단위: 원)

과목	금액		전기분 생략
매출액			
매출원가			
매출총이익			
판매비와관리비			
영업이익			
영업외수익			
영업외비용			
법인세비용차감전순이익			
법인세비용			
당기순이익			
기타포괄손익			
총포괄이익			

3.3 자본변동표 작성

학습목표(수행준거)

회계관련 규정에 따라 자본변동표를 작성할 수 있다.

(1) 자본변동표 목적

자본변동표는 자본의 크기와 그 변동에 관한 정보를 제공하는 재무보고서로서, 자본을 구성하고 있는 자본금, 자본잉여금, 자본조정, 기티포괄손익누세액, 이익잉여금(또는 결손금)의 변동에 대한 포괄적인 정보를 제공한다.

(2) 자본변동표 작성방법

1) 자본번동표의 기본구소와 표시

자본변동표에는 자본금, 자본잉여금, 자본조정, 기타포괄손익누계액, 이익잉여금(또는 결손금)의 각 항목별로 기초잔액, 변동(원인)사항, 기말잔액을 표시한다.

2) 수정후 기초이익잉여금의 표시

자본변동표에서 전기에 이미 보고된 이익잉여금(또는 결손금)의 금액이 당기에 발생한 회계정책의 변경이나 중대한 전기오류수정으로 인하여 변동된 경우에는 전기에 이미 보고된 금액을 별도로 표시하고 회계정책 변경이나 오류수정이 매 회계연도에 미치는 영향을 가감한 수정후 기초 이익잉여금을 표시한다.

예제

㈜하남의 다음 자료에 의하여 20×6년의 자본변동표를 작성하시오.

(1) 기초, 기말자본, 보고금액과 변동원인

구분	자본금	자본잉여금	자본조정	기타포괄 손익누계액	이익잉여금	총계
20×6년 1월 1일 (보고금액)	50,000	30,000	(9,000)	3,000	2,000	76,000
20×6년 12월 31일	100,000	40,000	(15,000)	4,000	5,000	134,000
변동금액	50,000	10,000	(6,000)	1,000	3,000	58,000
변동원인	유상증자		자기주식 취득	매도가능증권 평가이익	연차배당/ 당기순이익	

(2) 자본의 변동내용

① 자본금과 자본잉여금의 변동은 20×6년 2월 10일 실시한 유상증자에 의한 것이다. 유상증자는 주식 100주를 할증발행(액면 @500원 발행가액 @600원)하여 자본금 50,000원과 주식발행초과금 10,000원이 증가했다.

② 자본조정의 변동은 20×6년 6월 25일에 자기주식 10주를 6,000원에 취득했기 때문이다.

③ 기타포괄손익누계액의 변동은 20×6년 12월 31일 매도가능증권의 평가로 발생한 매도가능증권평가이익 1,000원 때문이다.

④ 이익잉여금의 변동은 연차배당 2,000원과 당기순이익 5,000원 때문이다.

(3) 전기에 이미 보고된 이익잉여금 2,000원이 당기에 발생한 중대한 오류수정이익으로 1,000원이 증가한다.

| 풀이 |

자본변동표

제11기 20×6년 1월 1일 ~ 20×6년 12월 31일

㈜하남 제10기 20×5년 1월 1일 ~ 20×5년 12월 31일 (단위: 원)

구분	자본금	자본 잉여금	자본조정	기타 포괄손익 누계액	이익 잉여금	총계
전기분 생략						
20×6년 1월 1일(보고금액)	50,000	30,000	(9,000)	3,000	2,000	76,000
회계정책변경의 누적효과					0	0
전기오류수정이익					1,000	1,000
수정후 이익잉여금					3,000	77,000
연차배당					(2,000)	(2,000)
처분후 이익잉여금					1,000	75,000
유상증자	50,000	10,000				60,000
자기주식취득			(6,000)			(6,000)
매도가능증권평가이익				1,000		1,000
당기순이익					4,000*	4,000
20×6년 12월 31일	100,000	40,000	(15,000)	4,000	5,000	134,000

* 중대한 전기오류수정이익을 반영하기 전 당기순이익 5,000원 − 중대한 전기오류수정이익 1,000원 = 당기순이익 4,000원

직무능력평가 3-2

㈜한성의 다음 자료에 의하여 20×6년의 자본변동표를 작성하시오.

(1) 기초, 기말자본, 보고금액과 변동원인

구분	자본금	자본 잉여금	자본조정	기타포괄 손익누계액	이익잉여금	총계
20×6년 1월 1일 (보고금액)	80,000	20,000	(5,000)	2,000	3,000	100,000
20×6년 12월 31일	150,000	34,000	(12,000)	3,000	7,000	182,000
변동금액	70,000	14,000	(7,000)	1,000	4,000	82,000
변동원인	유상증자		자기주식 취득	매도가능증권 평가이익	연차배당/ 당기순이익	

(2) 자본의 변동내용

① 자본금과 자본잉여금의 변동은 20×6년 3월 17일 실시한 유상증자에 의한 것이다. 유상증자는 주식 700주를 할증발행(액면 @100원 발행가액 @120원)하여 자본금 70,000원과 주식발행초과금 14,000원이 증가했다.

② 자본조정의 변동은 20×6년 9월 5일에 자기주식 50주를 140원에 취득했기 때문이다.

③ 기타포괄손익누계액의 변동은 20×6년 12월 31일 매도가능증권의 평가로 발생한 매도가능증권평가이익 1,000원 때문이다.

④ 이익잉여금의 변동은 연차배당 3,000원과 당기순이익 7,000원 때문이다.

(3) 전기에 이미 보고된 이익잉여금 3,000원이 당기에 발생한 중대한 오류수정이익으로 2,000원이 증가한다.

| 풀이 |

자본변동표

(주)한성 제13기 20×6년 1월 1일 ~ 20×6년 12월 31일
제12기 20×5년 1월 1일 ~ 20×5년 12월 31일 (단위: 원)

구분	자본금	자본 잉여금	자본조정	기타 포괄손익 누계액	이익 잉여금	총계
전기분 생략						
20×6년 1월 1일(보고금액)						
회계정책변경의 누적효과						
전기오류수정이익						
수정후 이익잉여금						
연차배당						
처분후 이익잉여금						
유상증자						
자기주식취득						
매도가능증권평가이익						
당기순이익						
20×6년 12월 31일						

3.4 현금흐름표 작성

학습목표(수행준거)

회계관련 규정에 따라 현금흐름표를 작성할 수 있다.

(1) 현금흐름표 목적

현금흐름표는 기업의 현금흐름을 나타내는 표로서 현금의 변동내용을 명확하게 보고하기 위하여 당해 회계기간에 속하는 현금의 유입과 유출내용을 적정하게 표시하여야 한다.

(2) 현금흐름표 작성방법

1) 현금흐름표의 기본구조와 표시

현금흐름표는 영업활동으로 인한 현금흐름, 투자활동으로 인한 현금흐름, 재무활동으로 인한 현금흐름으로 구분하여 표시하고, 이에 기초의 현금을 가산하여 기말의 현금을 산출하는 형식으로 표시한다. 현금흐름표에서 현금이라 함은 현금및현금성자산을 말한다.

2) 영업활동으로 인한 현금흐름의 표시방법

구분	직접법	간접법
처리내용	현금을 수반하여 발생한 수익 또는 비용항목을 총액으로 표시하되, 현금유입액은 원천별로 현금유출액은 용도별로 분류하여 표시하는 방법을 말한다. 이 경우 현금을 수반하여 발생하는 수익·비용항목을 원천별로 구분하여 직접 계산하는 방법 또는 매출과 매출원가에 현금의 유출·유입이 없는 항목과 재고자산·매출채권·매입채무의 증감을 가감하여 계산하는 방법으로 한다.	당기순이익(또는 당기순손실)에 현금의 유출이 없는 비용 등을 가산하고 현금의 유입이 없는 수익 등을 차감하며, 영업활동으로 인한 자산·부채의 변동을 가감하여 표시하는 방법을 말한다. (1) 현금의 유출이 없는 비용 등은 현금의 유출이 없는 비용, 투자활동과 재무활동으로 인한 비용을 말한다. (2) 현금의 유입이 없는 수익 등은 현금의 유입이 없는 수익, 투자활동과 재무활동으로 인한 수익을 말한다. (3) 영업활동으로 인한 자산·부채의 변동은 영업활동과 관련하여 발생한 유동자산 및 유동부채의 증가 또는 감소를 말한다.

* 직접법은 이해하기가 쉽고 향후 영업활동으로 인한 현금흐름의 예측을 보다 용이하게 한다. 그러나 작성하는데 시간과 노력이 많이 소요되는 단점이 있어 실무적으로는 간접법이 주로 사용되고 있다.

보충설명

• 간접법의 영업활동으로 인한 현금흐름 계산시 당기순이익 가산항목과 차감항목

가산항목	차감항목
현금의 유출이 없는 비용	현금의 유입이 없는 수익
대손상각비,* 재고자산감모손실,** 단기매매증권평가손실, 만기보유증권손상차손, 감가상각비, 무형자산상각비, 퇴직급여, 재해손실, 사채할인발행차금 상각(이자비용),	대손충당금환입,* 단기매매증권평가이익, 보험차익, 사채할증발행차금 상각, 자산에 대한 현재가치할인차금 상각, 외화환산이익, 만기보유증권할인취득자금 상각 등

부채에 대한 현재가치할인차금 상각, 외화환산손실, 만기보유증권할증취득자금 상각 등	
다른(투자 · 재무)활동에서 반영한 비용	**다른(투자 · 재무)활동에 반영한 비용**
투자자산처분손실, 유형자산처분손실, 사채상환손실, 외환차손 등	투자자산처분이익, 유형자산처분이익, 사채상환이익, 외환차익 등

* 매출채권을 순액으로 표시할 때는 조정하지 않는다.
** 재고자산을 순액으로 표시할 때는 조정하지 않는다.

• 영업활동으로 인한 자산 · 부채의 변동과 현금흐름표에서의 조정

영업활동으로 인한 자산 · 부채 계정과목		재무상태표 금액변동	현금흐름표 조정
자산	매출채권(장기매출채권 포함), 선급금, 선급비용(선급법인세), 미수수익, 재고자산, 이연법인세자산 등	증가	차감항목(현금유출)
		감소	가산항목(현금유입)
부채	매입채무(장기매입채무 포함), 선수금, 선수수익, 미지급비용(미지급법인세), 이연법인세부채 등	증가	가산항목(현금유입)
		감소	차감항목(현금유출)

3) 투자활동으로 인한 현금흐름

투자활동이라 함은 현금의 대여와 회수활동, 유가증권 · 투자자산 · 유형자산 및 무형자산의 취득과 처분활동 등을 말한다. 투자활동으로 인한 현금의 유입에는 대여금의 회수, 단기투자자산 · 유가증권 · 투자자산 · 유형자산 · 무형자산의 처분 등이 포함된다. 투자활동으로 인한 현금의 유출에는 현금의 대여, 단기투자자산 · 유가증권 · 투자자산 · 유형자산 · 무형자산의 취득에 따른 현금유출로서 취득 직전 또는 직후의 지급액 등이 포함된다.

4) 재무활동으로 인한 현금흐름

재무활동이라 함은 현금의 차입 및 상환활동, 신주발행이나 배당금의 지급활동 등과 같이 부채 및 자본계정에 영향을 미치는 거래를 말한다. 재무활동으로 인한 현금의 유입에는 단기차입금 · 장기차입금의 차입, 어음 · 사채의 발행, 주식의 발행 등이 포함된다. 재무활동으로 인한 현금의 유출에는 배당금의 지급, 유상감자, 자기주식의 취득, 차입금의 상환, 자산의 취득에 따른 부채의 지급 등이 포함된다.

5) 기타 표시방법

① 현금의 유입과 유출내용에 대하여는 기중 증가 또는 기중 감소를 상계하지 아니하고 각각 총액으로 표시한다. 다만, 거래가 빈번하여 총금액이 크고 단기간에 만기가 도래하는 현금의 유입과 유출항목은 순증감액으로 표시할 수 있다.

② 사채발행 또는 주식발행으로 인한 현금유입시에는 발행금액으로 표시한다.

6) 간접법에 의한 실무적 작성방법

단계별로 다음과 같은 순서로 작성한다.

단계①: 비교식 재무상태표를 통해 각 계정과목별로 변동액을 계산한다.

단계②: 변동액이 어느 활동에 해당하는지를 구분하고 현금유입과 현금유출로 나누어 활동내역별로 표시한다.

단계③: 영업활동, 투자활동, 재무활동 각각의 순현금흐름을 계산하여 표시한다.

단계④: 각 활동의 순현금흐름을 합산하여 기초의 현금에 가산한 금액이 재무상태표상의 기말의 현금과 일치하는지를 확인한다.

예제

다음의 비교재무상태표와 손익계산서에 의해 현금흐름표를 작성하시오.

(1) 재무상태표

비교재무상태표

㈜강서 (단위: 원)

계정과목	20×6년 12월 31일	20×5년 12월 31일	증감
현금및현금성자산	100,000	93,000	7,000
매도가능증권	16,000	20,000	(4,000)
매출채권	128,000	113,000	15,000
상품	148,000	150,000	(2,000)
비품	80,000	72,000	8,000
(비품감가상각누계액)	(20,000)	(16,000)	(4,000)
자산합계	452,000	432,000	
매입채무	76,000	70,000	6,000
단기차입금	123,000	140,000	(17,000)
미지급비용	1,000	0	1,000
자본금	160,000	148,000	12,000
이익잉여금	92,000	74,000	18,000
부채와 자본합계	452,000	432,000	

(2) 손익계산서

계정과목	20×6년
매출액	500,000
매출원가	400,000
매출총이익	100,000
판매비와관리비	(85,000)
이자수익	15,000
이자비용	(12,000)
당기순이익	18,000

(3) 손익계산서의 판매비와관리비에 비품감가상각비 4,000원이 포함되어 있다. 계정과목별 변동액은 현금유입 또는 현금유출 하나의 활동만 있는 것으로 가정한다.

| 풀이 |

현금흐름표

과목	당기		
	금액		
영업활동으로 인한 현금흐름		16,000	전기분 생략
당기순이익	18,000		
현금유출이 없는 비용 등 가산			
감가상각비	4,000		
영업활동으로 인한 자산·부채의 변동			
매출채권의 증가(현금유출 −)	(15,000)		
재고자산의 감소(현금유입 +)	2,000		
매입채무의 증가(현금유입 +)	6,000		
미지급비용의 증가(현금유입 +)	1,000		
투자활동으로 인한 현금흐름		(4,000)	
투자활동으로 인한 현금유입			
매도가능증권의 처분(감소)	4,000		
투자활동으로 인한 현금유출			
유형(비품)자산의 취득(증가)	(8,000)		
재무활동으로 인한 현금흐름		(5,000)	
재무활동으로 인한 현금유입			
신주의 발행(증가)	12,000		
재무활동으로 인한 현금유출			
단기차입금의 상환(감소)	(17,000)		
현금의 증가		7,000	
기초의 현금		93,000	
기말의 현금		100,000	

직무능력평가 3-3

다음의 비교재무상태표와 손익계산서에 의해 현금흐름표를 작성하시오.

(1) 재무상태표

비교재무상태표

㈜강서 (단위: 원)

계정과목	20×6년 12월 31일	20×5년 12월 31일	증감
현금및현금성자산	150,000	136,000	14,000
매도가능증권	32,000	40,000	(8,000)
매출채권	156,000	126,000	30,000
상품	196,000	200,000	(4,000)
비품	160,000	144,000	16,000
(비품감가상각누계액)	(40,000)	(32,000)	(8,000)
자산합계	654,000	614,000	
매입채무	152,000	140,000	12,000
단기차입금	146,000	178,000	(32,000)
미지급비용	2,000	0	2,000
자본금	220,000	196,000	24,000
이익잉여금	134,000	100,000	34,000
부채와 자본합계	654,000	614,000	

(2) 손익계산서

계정과목	20×6년
매출액	870,000
매출원가	710,000
매출총이익	160,000
판매비와관리비	(120,000)
이자수익	26,000
이자비용	(32,000)
당기순이익	34,000

(3) 손익계산서의 판매비와관리비에 비품감가상각비 8,000원이 포함되어 있다. 계정과목별 변동액은 현금유입 또는 현금유출 하나의 활동만 있는 것으로 가정한다.

| 풀이 |

현금흐름표

과목	당기		
	금액		
영업활동으로 인한 현금흐름			전기분 생략
당기순이익			
현금유출이 없는 비용 등 가산			
감가상각비			
영업활동으로 인한 자산 · 부채의 변동			
매출채권의 [ ]( )			
재고자산의 [ ]( )			
매입채무의 [ ]( )			
미지급비용의 [ ]( )			
투자활동으로 인한 현금흐름			
투자활동으로 인한 현금유입			
투자활동으로 인한 현금유출			
재무활동으로 인한 현금흐름			
재무활동으로 인한 현금유입			
재무활동으로 인한 현금유출			
현금의 증가			
기초의 현금			
기말의 현금			

3.5 이익잉여금처분계산서 작성

학습목표(수행준거)

회계관련 규정에 따라 이익잉여금처분계산서를 작성할 수 있다.

(1) 이익잉여금처분계산서와 결손금처리계산서의 의의

이익잉여금처분계산서는 기업의 이월이익잉여금의 수정사항과 당기 이익잉여금의 처분사항을 명확히 보고하기 위하여, 이월이익잉여금의 변동사항을 표시한 보고서이다. 결손금처리계산서는 당기에 미처리결손금이 있는 경우에 결손금의 처리내용을 보여주는 보고서이다. 이익잉여금처분계산서(또는 결손금처리계산서)는 상법 등 관련 법규에서 이익잉여금처분계산서(또는 결손금처리계산서)의 작성을 요구하는 경우에 재무상태표의 이익잉여금(또는 결손금)에 대한 보충정보로서 이익잉여금처분계산서(또는 결손금처리계산서)를 주석으로 공시한다.

(2) 이익잉여금처분계산서 작성방법

이익잉여금처분계산서는 다음과 같은 순서로 작성한다.

구분		내용
(1)	미처분이이잉여금	미처분이익잉여금은 전기이월미처분이익잉여금에 회계변경의 누적효과(±), 중대한 전기오류수정손익(±), 당기순손익을 가감하고, 중간배당을 차감하여 산출하고 표시한다.
(2)	임의적립금이입액	배당평균적립금, 별도적립금 등의 임의적립금을 이입하여 당기의 이익잉여금에 충당하는 경우에는 그 금액을 미처분이익잉여금에 가산하는 형식으로 표시한다.
(3)	이익잉여금처분액	이익잉여금의 처분액은 미처분이익잉여금에 임의적립금이입액을 가산한 금액에서 다음 순서에 따라 처분액을 표시하고 차감한다. ① 이익준비금, ② 기타법정적립금, ③ 이익잉여금처분에 의한 상각액, ④ 배당금, ⑤ 임의적립금
(4)	차기이월 미처분이익잉여금	차기이월미처분이익잉여금은 미처분이익잉여금과 임의적립금이입액합계액에서 이익잉여금처분액을 차감한 후의 잔액을 표시한다.

예제

다음 자료에 의하여 (주)유림의 이익잉여금처분계산서를 작성하시오.

(1) 미처분이익잉여금

전기이월미처분이익잉여금 100원, 회계변경의 누적효과(−) 60원,
전기오류수정이익 100원, 전기오류수정손실 50원, 당기순이익 500원

(2) 임의적립금 이입액
배당평균적립금 120원, 별도적립금 80원

(3) 이익잉여금처분액
이익준비금 40원, 현금배당금 400원, 주식할인발행차금 상각액 200원, 사업확장적립금 90원

※ 전기오류수정손익은 재무제표의 신뢰성을 심각하게 손상하는 중대한 오류를 수정한 것이다.

| 풀이 |

이익잉여금처분계산서

제 11 기	20×6년 1월 1일부터 20×6년 12월 31일까지	제 10 기	20×5년 1월 1일부터 20×5년 12월 31일까지
처분예정일	20×7년 2월 28일	처분확정일	20×6년 2월 28일

㈜유림 (단위: 원)

과목	당기(11기)		
	금액		
미처분이익잉여금		590	
전기이월미처분이익잉여금	100		
회계변경의 누적효과(−)	(60)		
전기오류수정이익	100		
전기오류수정손실	(50)		
당기순이익	500		전기분 생략
임의적립금이입액		200	
배당평균적립금	120		
별도적립금	80		
합계		790	
이익잉여금처분액		730	
이익준비금	40		
주식할인발행차금 상각	200		
현금배당금	400		
사업합리화적립금	90		
차기이월미처분이익잉여금		60	

(3) 결손금처리계산서 작성방법

결손금처리계산서는 다음과 같은 순서로 작성한다.

구분		내용
(1)	미처리결손금	미처리결손금은 전기이월미처분이익잉여금(또는 전기이월결손금)에 회계변경의 누적효과(±), 중대한 전기오류수정손익(±), 당기순손익(±)을 가감하여 산출하고 표시한다.
(2)	결손금처리액	결손금의 처리는 적립금을 다음의 순서에 따라 이입(보전)하여 처리한다. ① 임의적립금, ② 기타법정적립금, ③ 이익준비금, ④ 자본잉여금
(3)	차기이월 미처리결손금	차기이월미처리결손금은 미처리결손금에서 결손금처리액을 차감하고 남는 잔액을 표시한다.

예제

다음 자료에 의하여 ㈜일신의 결손금처리계산서를 작성하시오.

(1) 미처리결손금
　전기이월미처리결손금 400원, 회계변경의 누적효과(+) 160원
　전기오류수정이익 70원, 당기순손실 570원

(2) 결손금처리액
　배당평균적립금이입액 150원, 이익준비금이입액 200원, 자지주식처분이익이입액 180원

※ 전기오류수정손익은 재무제표의 신뢰성을 심각하게 손상하는 중대한 오류를 수정한 것이다.

| 풀이 |

결손금처리계산서

제 12 기	20×6년 1월 1일부터 20×6년 12월 31일까지	제 11 기	20×5년 1월 1일부터 20×5년 12월 31일까지
처분예정일	20×7년 2월 28일	처분확정일	20×6년 2월 28일

㈜일신 (단위: 원)

과목	당기(12기)		전기분 생략
	금액		
미처리결손금		740	
전기이월미처리결손금	400		
회계변경의 누적효과(+)	(160)		
전기오류수정이익	(70)		
당기순손실	570		
결손금처리액		530	
배당평균적립금이입액	150		
이익준비금이입액	200		
자기주식처분이익이입액	180		
차기이월미처리결손금		210	

직무능력평가 3-4

1. 다음 자료에 의하여 ㈜강동의 이익잉여금처분계산서를 작성하시오.

(1) 미처분이익잉여금
전기이월미처분이익잉여금 200원, 회계변경의 누적효과(−) 120원,
전기오류수정이익 180원, 전기오류수정손실 100원, 당기순이익 900원

(2) 임의적립금 이입액
배당평균적립금 180원, 별도적립금 150원

(3) 이익잉여금처분액
이익준비금 80원, 현금배당금 800원, 주식할인발행차금 상각액 300원,
사업확장적립금 160원

※ 전기오류수정손익은 재무제표의 신뢰성을 심각하게 손상하는 중대한 오류를 수정한 것이다.

| 풀이 |

이익잉여금처분계산서

제 11 기	20×6년 1월 1일부터 20×6년 12월 31일까지	제 10 기	20×5년 1월 1일부터 20×5년 12월 31일까지
처분예정일	20×7년 2월 28일	처분확정일	20×6년 2월 28일

㈜강동 (단위: 원)

과목	당기(11기) 금액		
미처분이익잉여금			전기분 생략
전기이월미처분이익잉여금			
회계변경의 누적효과(−)			
전기오류수정이익			
전기오류수정손실			
당기순이익			
임의적립금이입액			
배당평균적립금			
별도적립금			
합계			
이익잉여금처분액			
이익준비금			
주식할인발행차금상각			
현금배당금			
사업합리화적립금			
차기이월미처분이익잉여금			

2. 다음 자료에 의하여 ㈜진한의 결손금처리계산서를 작성하시오.

(1) 미처리결손금
전기이월미처리결손금 100원, 회계변경의 누적효과(−) 120원,
전기오류수정이익 70원, 당기순손실 280원

(2) 결손금처리액
배당평균적립금이입액 100원, 이익준비금이입액 170원,
자기주식처분이익이입액 30원

※ 전기오류수정손익은 재무제표의 신뢰성을 심각하게 손상하는 중대한 오류를 수정한 것이다.

| 풀이 |

결손금처리계산서

<table>
<tr><td rowspan="2">제 12 기</td><td>20×6년 1월 1일부터</td><td rowspan="2">제 11 기</td><td>20×5년 1월 1일부터</td></tr>
<tr><td>20×6년 12월 31일까지</td><td>20×5년 12월 31일까지</td></tr>
<tr><td>처분예정일</td><td>20×7년 2월 28일</td><td>처분확정일</td><td>20×6년 2월 28일</td></tr>
</table>

㈜진한 (단위: 원)

<table>
<tr><th rowspan="2">과목</th><th colspan="2">당기(12기)</th><th rowspan="11">전기분 생략</th></tr>
<tr><th colspan="2">금액</th></tr>
<tr><td>미처리결손금</td><td></td><td></td></tr>
<tr><td>전기이월미처리결손금</td><td></td><td></td></tr>
<tr><td>회계변경의 누적효과(−)</td><td></td><td></td></tr>
<tr><td>전기오류수정이익</td><td></td><td></td></tr>
<tr><td>당기순손실</td><td></td><td></td></tr>
<tr><td>결손금처리액</td><td></td><td></td></tr>
<tr><td>배당평균적립금이입액</td><td></td><td></td></tr>
<tr><td>이익준비금이입액</td><td></td><td></td></tr>
<tr><td>자기주식처분이익이입액</td><td></td><td></td></tr>
<tr><td>차기이월미처리결손금</td><td></td><td></td><td></td></tr>
</table>

3.6 재무제표의 주석사항 작성

학습목표(수행준거)

회계관련 규정에 따라 재무제표에 대한 주석사항을 작성할 수 있다.

(1) 주석의 의의

주석은 정량적 기준에 의해 작성되는 재무상태표나 (포괄)손익계산서 그리고 현금흐름표 등에서는 나타낼 수 없는 정성적인 설명과 방향성을 제시한다. 따라서 기업에 대한 좀 더 자세한 정보를 제공해 줌으로써 재무제표의 유용성을 높여 준다.

(2) 주석의 내용

1) 주석 작성순서와 주요내용

주석은 일반적으로 재무제표이용자가 재무제표를 이해하고 다른 기업의 재무제표와 비교하는 데 도움이 될 수 있도록 다음의 순서로 작성한다.

① 일반기업회계기준(또는 K-IFRS, 특수분야회계기준)에 준거하여 재무제표를 작성하였다는 사실의 명기

② 재무제표 작성에 적용된 유의적인 회계정책의 요약

주석으로 기재하는 유의적인 회계정책의 요약은 다음 사항을 포함하여야 한다.

- 재무제표를 작성하는 데 사용한 측정속성
- 재무제표를 이해하는 데 필요한 기타의 회계정책
- 재무제표에 영향을 미치는 회계정책을 적용할 때 경영진이 내린 판단의 근거

③ 재무제표 본문에 표시된 항목에 대한 보충정보(재무제표의 배열 및 각 재무제표 본문에 표시된 순서에 따라 공시한다)

④ 기타 우발상황, 약정사항 등의 계량정보와 비계량정보

보충설명 ○ 재무제표 본문에 표시된 항목에 대한 보충정보

① 기업의 개황, 주요 영업내용 및 최근의 경영환경 변화
② 사용이 제한된 예금
③ 자기 또는 타인을 위하여 제공하고 있거나 타인으로부터 제공받고 있는 담보 및 보증의 내용
④ 차입약정의 유의적인 위반사항
⑤ 천재지변, 파업, 화재, 유의적인 사고 등에 관하여는 그 내용과 결과
⑥ 기업이 가입하고 있는 보험의 종류, 보험금액 및 보험에 가입된 자산의 내용
⑦ 물가 및 환율변동과 같이 기업에 유의적인 영향을 미치는 불확실성 및 위험요소
⑧ 당해 회계연도 개시일 전 2년 내에 결손보전을 한 경우에는 결손보전에 충당된 자본잉여금이나 이익잉여금의 명칭과 금액 및 결손보전을 승인한 주주총회일
⑨ 제조원가 또는 판매비와관리비에 포함된 급여, 퇴직급여, 복리후생비, 임차료, 감가상각비, 세금과공과 등 부가가치계산에 필요한 계정과목과 그 금액

2) 측정상의 유의적인 가정

미래에 관한 유의적인 가정과 측정상의 불확실성에 대한 기타 정보를 주석으로 기재하여야 한다. 이러한 사항은 차기에 자산과 부채의 장부금액에 대한 유의적인 조정을 유발할 수 있는 위험과 관련이 있다. 따라서 이에 영향을 받을 자산과 부채에 대하여 다음 사항 등을 주석으로 기재한다.

① 자산과 부채의 성격

② 보고기간종료일 현재의 자산과 부채의 장부금액

③ 위 ②의 장부금액이 차기에 유의적으로 조정될 가능성이 있다는 사실

3) 이익잉여금처분계산서

상법 등 관련법규에서 이익잉여금처분계산서(또는 결손금처리계산서)의 작성을 요구하는 경우에는 재무상태표의 이익잉여금(또는 결손금)에 대한 보충정보로서 이익잉여금처분계산서(또는 결손금처리계산서)를 주석으로 공시한다.

4) 배당정보의 공시

이익잉여금처분예정액으로서 주식의 종류별 주당배당금액, 액면배당률, 배당성향, 배당액의 산정내역을 주석으로 기재한다.

| 주석 사례 |

주석

제6기 20×6년 12월 31일 현재

주식회사 ○○

1. 회사의 개요

당 회사의 개요는 다음과 같습니다.

(1) 회사의 설립: 20×1년 2월 15일
(2) 업종: 정기간행물 발행업
(3) 본사 소재지: 경기도 ○○시 ○○구 ○○로 ○○번길
(4) 대표이사의 성명: 김○○
(5) 실립시 자본금: 50,000,000원
(6) 기말현재 자본금: 600,000,000원 (액면가 5,000원 보통주식 120,000주)
(7) 주식분포상황

성명	소유주식수	지주비율
○○재단	108,000주	90.00%
황○○	12,000주	10.00%
합계	120,000주	100.00%

2. 주요 회계처리지침

회사의 재무제표는 일반기업회계기준에 따라 작성되었으며 회사가 채택하고 있는 중요한 회계처리 방침은 다음과 같습니다.

(1) 수익인식기준

회사는 재화나 용역의 판매로 인한 수익은 다음 조건이 모두 충족될 때 인식하고 있습니다.

• 재화의 소유에 따른 위험과 효익이 대부분 구매자에게 이전된 경우
• 수입금액 및 경제적효익을 신뢰성 있게 측정할 수 있는 경우
• 거래와 관련하여 발생하였거나 발행할 비용을 신뢰성 있게 측정할 수 있는 경우

(2) 대손충당금

재무상태표일 현재의 매출채권잔액에 대하여 채권의 개별적 분석방법에 의하여 대손추산된 금액을 대손충당금으로 설정하고 있습니다.

(3) 유가증권

가. 유가증권의 분류

유가증권은 실제 보유능력과 보유의도에 따라 단기매매증권, 매도가능증권, 만기보유증권으로 분류되며, 단기매매증권은 유동자산으로 분류하고 매도가능증권과 만기보유증권은 투자자산으로 분류하고 있습니다. 다만, 재무상태표일로부터 1년 이내에 만기가 도래하거나 매도 등에 의하여 처분할 것이 거의 확실한 매도가능증권과 재무상태표일로 부터 1년 이내에 만기가 도래하는 만기보유증권은 유동자산으로 분류하고 있습니다.

나. 취득원가의 측정

생략

다. 유가증권의 평가

생략

(4) 재고자산

재고자산은 선입선출법(제품 및 미착품은 개별법)을 적용한 취득원가로 계상하고 있으며, 수량은 계속기록법과 실지재고조사에 의하여 확정하고 있습니다. 또한, 시가가 취득원가보다 하락한 경우에는 시가로 평가하고 평가손실은 당기비용으로 처리하며, 동 평가손실상당액을 각 재고자산 과목의 평가충당금으로 하여 동 재고자산에서 차감하는 형식으로 표시하고 있습니다.

(5) 유형자산

가. 유형자산은 자산의 구입원가 또는 제작원가에 동 자산을 사용가능하도록 하기 위하여 지출되는 부대비용을 가산하여 취득원가에 계상하고, 감가상각비는 합리적으로 추정한 내용연수에 따라 아래와 같이 계산하며, 산정된 감가상각누계액은 취득원가에서 차감하는 형식으로 표시하고 있습니다.

과목	내용연수	상각방법
건물	40년	정액법
기계장치	5년	정률법
차량운반구	5년	정률법
비품	5년	정률법
시설장치	5년	정률법

나. 취득 또는 완성 후의 지출이 가장 최근에 평가된 성능수준을 초과하여 미래 경제적 효익을 증가시키는 경우에는 자본적 지출로 처리하고, 자산의 원상을 회복하거나 능률유지를 위한 지출인 경우에는 발생한 기간의 비용으로 처리하고 있습니다.

(6) 오류수정과 회계추정

당기 중 발견된 전기 또는 그 이전의 오류는 전기오류수정손익의 과목으로 영업외손익에 반영하고 있으며, 다만 중대한 오류의 수정은 전기이월이익잉여금에 반영하고 비교재무제표를 재작성하고 있습니다.

한편, 재무제표의 작성과 관련하여 당사의 경영자는 재무제표상의 자산과 부채 및 주석으로 표시된 우발채권 및 우발채무와 회계기간 중에 인식된 수익과 비용의 금액에 영향을 미칠 수 있는 회계추정 및 가정에 대하여 적정하고 합리적으로 그 추정 및 가정을 적용할 책임이 있는 바, 이러한 추정 및 가정에 의한 추정치와 실제결과는 서로 상이할 수 있습니다.

3. 현금및현금성자산

당기말 현재 현금및현금성자산의 내용은 다음과 같습니다.

(단위: 원)

구분	당기	전기	종류	비고
현금	1,250,000	1,200,000		
보통예금	45,090,000	42,483,000	우체국 외	
기업자유예금	498,030,000	547,329,000	○○은행	
합계	544,370,000	591,012,000		

4. 장·단기금융상품

당기말 현재 장·단기금융상품의 내용은 다음과 같습니다.

(단위: 원)

구분	당기	전기	종류	비고
단기금융상품	13,000,000	12,000,000	○○은행 외	기업어음 등
합계	13,000,000	12,000,000		
장기금융상품	53,000,000	28,000,000	○○은행 외	손해보험 등
합계	53,000,000	28,000,000		

5. 사용이 제한된 금융상품

당기말 현재 사용이 제한되어 있는 금융상품은 없습니다.

6. 이익잉여금처분계산서

생략

7. 보유토지의 공시지가

당기말 현재 당사가 보유하고 있는 토지의 공시지가 내역은 다음과 같습니다.

(단위: 원)

구분	내역	장부가액		공시지가	
		당기	전기	당기	전기
토지	본점 지점 부속토지	8,264,000,000	8,264,000,000	5,035,000,000	4,354,000,000

8. 보험가입자산

당기말 현재 당사의 보험가입내역은 내역은 다음과 같습니다.

(단위: 원)

보험종류	부보내역	보험회사	부보액
화재보험	본사건물, 집기비품 외	○○손해보험	725,000,000
운전자보험	종업원	○○손해보험	1인당 100,000,000

(주) 회사의 차량운반구는 자동차종합보험과 책임보험에 가입하고 있습니다.

9. 퇴직급여충당부채

당기말 현재 퇴직금추계액은 57,000,000원이며, 퇴직급여충당부채 변동내용은 다음과 같습니다.

(단위: 원)

구분	당기	전기	비고
기초잔액	38,000,000	14,000,000	
퇴직금 지급액(주)	10,000,000	–	
당기설정액	29,000,000	24,000,000	
기말잔액	57,000,000	38,000,000	

10. 담보제공자산

당기말 현재 회사의 담보제공자산의 내역은 없습니다.

11. 배당금

(1) 당기와 전기 배당금의 계산내역은 다음과 같습니다.

(단위: 원)

구분	당기	전기
배당받을 주식수	120,000주	120,000주
주당 액면금액	5,000	5,000
액면배당률	88.5%	84.3%
금액	531,000,000	506,000,000

(주) 당기 배당내역: 최대주주 주당 3,305원, 기타주주 주당 14,500원
전기 배당내역: 최대주주 주당 2,500원, 기타주주 주당 19,667원

(2) 당기와 전기 배당성향의 계산내역은 다음과 같습니다.

(단위: 원)

구분	당기	전기
배당금	531,000,000	506,000,000
당기순이익	1,745,029,096	2,368,795,393
배당성향	30.43%	21.36%

(3) 당기와 전기 배당수익률의 계산내역은 다음과 같습니다.

(단위: 원)

구분	당기	전기
주당배당금	3,305/14,500	2,500/19,667
주식가액	5,000	5,000
배당수익률	66%/290%	50%/393%

12. 특수관계자와의 거래내용

당기 중 특수관계자와의 거래내역은 다음과 같습니다.

(단위: 원)

구분	명칭	내역	당기	전기	비고
주주	○○재단	임대료 외	2,990,910	3,172,728	잡이익

13. 부가가치 계산에 필요한 사항

당기와 전기중 회사의 부가가치 계산에 필요한 사항은 다음과 같습니다.

(단위: 원)

구분	당기		전기	
	판매비와관리비	제조원가	판매비와관리비	제조원가
직원급여	1,828,915,907	86,487,816	2,093,408,269	107,524,988
상여금	55,100,000	1,900,000	91,300,000	3,900,000
잡급	–	–	–	–
퇴직급여	160,705,215	7,163,624	175,191,980	8,795,985
복리후생비	176,893,559	–	174,316,791	–
지급임차료	–	–	–	–
감가상각비	24,977,694	–	24,864,495	–
세금과공과	113,690,117	–	124,395,006	–
합계	2,360,282,492	95,551,440	2,683,476,541	120,220,973

14. 법정적립금

상법상 당사는 자본금의 50%에 달할 때까지 매 결산기에 금전에 의한 이익배당액의 10% 이상을 이익준비금으로 적립하고 있습니다.

15. 현금흐름표

당기 중 현금의 유입과 유출이 없는 거래는 없습니다.

16. 중소기업회계처리특례

회사는 중소기업기본법에 의한 중소기업으로서 중소기업 회계처리 특례에 따라 주당경상이익 및 이연법인세자산·이연법인세부채 등은 표시하지 아니하였고 법인세비용을 법인세법 등의 법령에 의해 납부하여야 할 금액으로 법인세등의 계정과목으로 처리하고 있습니다.

17. 재무제표의 확정

당사의 재무제표는 20×7년 2월 23일 주주총회에서 최종 확정될 예정입니다.

18. 포괄손익계산서

당기와 전기의 포괄손익은 당기순손익과 동일합니다.

직무능력수행(성취도)평가 문제

| 객관식문제 |

<table>
<tr><td rowspan="2">【결산관리】
직무능력수행(성취도)평가</td><td rowspan="2">제한
시간</td><td rowspan="2">분</td><td>응시번호</td><td>성 명</td></tr>
<tr><td></td><td></td></tr>
</table>

1. 다음 중 결산수정사항이 아닌 것을 고르시오.

① 단기매매증권의 평가
② 채권에 대한 대손충당금 설정
③ 종업원의 대한 급여지급시 비용의 인식
④ 유형자산에 대한 감가상각비의 인식

2. 다음 개인기업인 ○○상점의 12월 31일 결산정리 분개로 옳은 것은?

- 5월 1일부터 사무실에 대한 임차료 1년분 120,000원을 현금으로 지급하였다. 임차기간은 5월 1일부터 다음해 4월 30일까지이며, 지급시 비용처리하였다.
- 12월 31일 결산정리분개하다.

①	(차) 선급비용	40,000	(대) 임차료	40,000
②	(차) 선급비용	80,000	(대) 임차료	80,000
③	(차) 임차료	40,000	(대) 선급비용	40,000
④	(차) 임차료	80,000	(대) 선급비용	80,000

3. 다음은 (주)○○이 20×6년 11월 1일에 보험료 6개월분을 현금으로 납부한 것을 기간별로 나타낸 것이다. 이를 자료로 12월 31일 결산정리분개로 옳은 것은?(단, 보험료는 매월 균등하며, 지급시 비용계정으로 회계처리하였다)

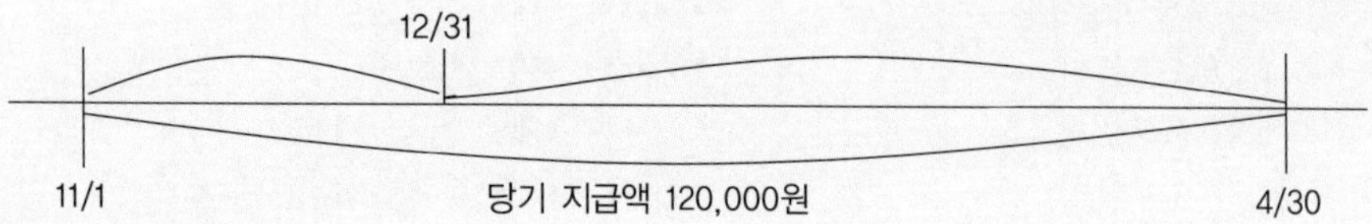

① (차) 보험료 80,000 (대) 현금 80,000
② (차) 보험료 120,000 (대) 선급보험료 120,000
③ (차) 선급보험료 40,000 (대) 보험료 40,000
④ (차) 선급보험료 80,000 (대) 보험료 80,000

4. 다음 자료에 의한 12월 31일 결산정리 분개로 옳은 것은?

- 5월 1일 (주)○○은 업무용 건물을 1년간 사용할 것을 계약하고 6개월분 임차료 300,000원을 현금으로 지급하다.
- 12월 31일 임차료 미지급을 계상하다.

① (차) 임차료 100,000 (대) 미지급임차료 100,000
② (차) 임차료 200,000 (대) 미지급임차료 200,000
③ (차) 미지급임차료 100,000 (대) 임차료 100,000
④ (차) 미지급임차료 200,000 (대) 임차료 200,000

5. 건물에 대한 1년분(20×6.10.1~20×7.9.30) 집세 60,000원을 2001년 10월 1일에 현금으로 받고 다음과 같이 분개하였다. 결산일인 12월 31일 집세에 대한 결산정리분개로 옳은 것은?

10/1 (차) 현금 240,000 (대) 임대료 240,000

① (차) 선수임대료 60,000 (대) 임대료 60,000
② (차) 임대료 60,000 (대) 선수임대료 60,000
③ (차) 선수임대료 180,000 (대) 임대료 180,000
④ (차) 임대료 180,000 (대) 선수임대료 180,000

6. 당기 중에 사무용 소모품을 50,000원에 현금으로 구입하고 소모품비계정 차변에 기입하였으며, 결산일 현재 소모품 사용액이 32,000원이다. 다음 중 소모품에 대한 결산정리 분개로 옳은 것은?

① (차) 소모품 32,000 (대) 소모품비 32,000
② (차) 소모품비 18,000 (대) 소모품 18,000
③ (차) 소모품 18,000 (대) 소모품비 18,000
④ (차) 소모품비 32,000 (대) 소모품 32,000

7. 20×6년 3월 1일 사무용품 300,000원을 현금으로 지급하여 구입하고, 자산(소모품계정)으로 처리한 경우 12월 31일 결산시 미사용액이 60,000원이 있었다. 결산정리 분개로 옳은 것은?

① (차) 소모품 240,000 (대) 소모품비 240,000
② (차) 소모품비 240,000 (대) 소 모 품 240,000
③ (차) 소모품 60,000 (대) 소모품비 60,000
④ (차) 소모품비 60,000 (대) 소 모 품 60,000

8. 다음 거래의 회계처리로 올바른 것은?

결산일에 매출채권 잔액 800,000원에 대하여 2% 대손을 예상하다. 단, 대손충당금 32,000원이 설정되어 있다.

---

① (차) 대손충당금 16,000 (대) 대손상각비 16,000
② (차) 대손상각비 16,000 (대) 대손충당금 16,000
③ (차) 대손충당금 16,000 (대) 대손충당금환입 16,000
④ (차) 대손충당금환입 16,000 (대) 대손충당금 16,000

9. (주)일신의 20×6년초 대손충당금 40,000원이며, 기중에 매출채권 중 30,000원이 대손처리되었다. (주)일신의 20×6년말 현재 매출채권잔액은 3,000,000원이고 이 금액에 대해 2%의 대손충당금을 설정할 경우 이와 관련된 결산수정분개로 올바른 것은?

① (차) 대손충당금 30,000 (대) 대손충당금환입 30,000
② (차) 대손상각비 30,000 (대) 대손충당금 30,000
③ (차) 대손상각비 60,000 (대) 대손충당금 60,000
④ (차) 대손상각비 50,000 (대) 대손충당금 50,000

10. 다음 연속된 거래에서 12월 31일(결산일)에 할 분개로 맞는 것은?

11/30 현금의 실제잔액은 10,000원이나, 현금출납장의 잔액은 17,000원이다.
12/ 2 11월 5일에 3,000원의 보험료 지급을 기장하지 않은 것으로 밝혀졌다.
12/31 현금 실제잔액과 장부상의 차이 중 원인이 밝혀진 것을 제외한 나머지에 대해서는 결산일까지 원인이 밝혀지지 않았다.

① (차) 현금과부족 4,000 (대) 현금 4,000
② (차) 잡손실 4,000 (대) 현금과부족 4,000
③ (차) 현금과부족 4,000 (대) 현금 4,000
④ (차) 현금과부족 4,000 (대) 잡이익 4,000

11. 다음과 같은 거래가 발생한 경우에 12월 31일 결산시의 분개로 옳은 것은?

8/ 1 단기자금운용 목적으로 상장회사인 (주)공정의 발행주식 200주(액면 @10,000원)를 수표를 발행하여 액면으로 구입하다.
12/31 결산시 위 주식을 공정가액 @12,000원으로 평가하다.

① (차) 단기매매증권평가손실 400,000 (대) 단기매매증권 400,000
② (차) 단기매매증권 400,000 (대) 단기매매증권평가이익 400,000
③ (차) 단기매매증권 400,000 (대) 이자수익 400,000
④ (차) 이자비용 400,000 (대) 단기매매증권 400,000

12. ㈜신리는 20×6년 4월 15일에 건물 10,000,000원 취득하였다. 당사가 정액법(내용연수 5년, 잔존가액은 없음)을 이용하여 20×6년 결산일(12월 31일)에 할 분개로 맞는 것은?

① (차) 감가상각비 500,000 (대) 건물감가상각누계액 500,000
② (차) 감가상각비 1,333,333 (대) 건물감가상각누계액 1,333,333
③ (차) 감가상각비 1,500,000 (대) 건물감가상각누계액 1,500,000
④ (차) 감가상각비 2,000,000 (대) 건물감가상각누계액 2,000,000

13. 20×6년도초에 1,000,000원에 취득한 기계장치를 정률법에 의해 매년 정상적으로 감가상각 하는 경우, 20×7년도말 결산시 분개는? (단, 정률은 연 30%이며, 결산은 12월 31일 연 1회 실시한다)

① (차) 감가상각비 600,000 (대) 기계장치감가상각누계액 600,000
② (차) 감가상각비 300,000 (대) 기계장치감가상각누계액 300,000
③ (차) 감가상각비 210,000 (대) 기계장치감가상각누계액 210,000
④ (차) 감가상각비 147,000 (대) 기계장치감가상각누계액 147,000

14. 퇴직급여충당부채에 관한 자료가 다음과 같을 때, 기말 결산시에 행할 분개로 맞는 것은?

(1) 기말 현재, 전 종업원이 퇴직할 경우 지급해야 할 퇴직금 총액은 1,000,000원이다.
(2) 퇴직급여충당부채의 기초잔액은 700,000원이다.
(3) 기중 퇴직자에게 지급한 퇴직금은 200,000원이다.

①	(차) 퇴직급여	100,000	(대) 퇴직급여충당부채	100,000
②	(차) 퇴직급여	300,000	(대) 퇴직급여충당부채	300,000
③	(차) 퇴직급여	500,000	(대) 퇴직급여충당부채	500,000
④	(차) 퇴직급여	1,000,000	(대) 퇴직급여충당부채	1,000,000

※ [문제 15~16] 다음은 (주)한경의 당기말 상품재고와 관련된 자료이다.
다음 자료를 이용하여 각 질문에 답하시오(단, 재고자산감모손실은 원가성이 있다).

- 장부수량 100개
- 실제조사 수량 90개
- 취득단가 1,000원
- 단위당 순실현가치 700원

15. 결산시 재고자산감모손실을 인식하는 분개는?

①	(차) 매입	3,000	(대) 이월상품	3,000
②	(차) 재고자산감모손실	3,000	(대) 이월상품	3,000
③	(차) 매입	10,000	(대) 이월상품	10,000
④	(차) 재고자산감모손실	30,000	(대) 이월상품	30,000

16. 결산시 재고자산평가손실을 인식하는 분개는?

①	(차) 매입	3,000	(대) 이월상품	3,000
②	(차) 재고자산평가손실	3,000	(대) 재고자산평가충당금	3,000
③	(차) 매입	27,000	(대) 재고자산평가충당금	27,000
④	(차) 재고자산평가손실	30,000	(대) 이월상품	30,000

17. 종업원의 급여 1,000,000원을 지급할 때 종업원이 부담할 소득세 50,000원을 차감하고 현금으로 지급하였으나, 다음과 같이 분개 하였다면 정정분개로 옳은 것은?

(차) 급여	950,000	(대) 현금	950,000

① (차) 급여 50,000 (대) 현금 50,000
② (차) 급여 50,000 (대) 소득세예수금 50,000
③ (차) 소득세 50,000 (대) 현금 50,000
④ (차) 소득세 50,000 (대) 소득세예수금 50,000

18. 업무용 컴퓨터를 1,000,000원에 구입하고, 운반비 30,000원과 함께 현금으로 지급한 거래를 다음과 같이 잘못 분개하였다. 이를 정정 분개한 것으로 옳은 것은?

(차) 비품	1,000,000	(대) 현금	1,030,000
운반비	30,000		

① (차) 비품 30,000 (대) 현금 30,000
② (차) 비품 30,000 (대) 운반비 30,000
③ (차) 현금 30,000 (대) 비품 30,000
④ (차) 현금 30,000 (대) 운반비 30,000

19. 기말결산 수정전 당기순이익 200,000원이 계산되었으나, 다음과 같은 결산수정사항이 발견되었다. 기말결산 수정후의 정확한 당기순이익을 계산한 금액으로 옳은 것은?

• 임차료 선급분	50,000원	• 임대료 미수액	100,000원
• 광고선전비 미지급액	70,000원	• 대여금이자 선수분	40,000원

① 110,000원 ② 160,000원
③ 200,000원 ④ 240,000원

20. 다음에 설명하고 있는 장부의 종류로 옳은 것은?

• 장부 중에서 가장 중요한 장부이다.
• 거래를 기록하는 모든 계정이 포함되어 있는 장부이다.
• 분개기입 후 자산, 부채, 자본 및 수익, 비용을 전기한 장부이다.

① 총계정원장 ② 상품재고장
③ 잔액시산표 ④ 정산표

21. 결산의 본 절차에 들어가기에 앞서 계정과목의 잔액이 정확한지의 여부를 종합적으로 점검하기 위하여 작성하는 것은?

① 수정전 시산표 ② 총계정원장
③ 분개장 ④ 현금흐름표

22. 다음의 (을)상품재고장을 이동평균법으로 기입할 때 1월 15일의 (가)와 (나)에 해당하는 금액은?

20×6년		적요	인수			인도			잔액		
			수량	단가	금액	수량	단가	금액	수량	단가	금액
1	1	전기이월	200개	2,000원	400,000원				200개	2,000원	400,000원
1	10	매출				50개	2,000원	100,000원	150개	2,000원	300,000원
1	15	매입	50개	2,400원	120,000원				200개	(가)	(나)

	(가)	(나)
①	2,200원	420,000원
②	2,400원	480,000원
③	2,100원	420,000원
④	2,200원	440,000원

23. ○○치킨점의 아래 자료에 의하여 후입선출법에 의한 매출총이익을 구하면 얼마인가?

매입자료:	6월 23일	재고액	50마리	@2,000원	100,000원
	6월 23일	매 입	100마리	@2,500원	250,000원
매출자료:	6월 24일	매 출	140마리	@10,000원	1,400,000원

① 326,000원 ② 1,050,000원
③ 1,070,000원 ④ 1,075,000원

24. ○○상점에서 결산기말에 일부 총계정원장과 손익계정을 마감하고자 한다. (가)~(라)의 설명으로 옳은 것은?

보험료

8/8 현금 20,000원	12/31 (가) 20,000원

이자수익

12/31 (나) 70,000원	7/5 현금 70,000원

손익

12/31 (다)	12/31 (라)

① (가)는 '차기이월'이다.
② (나)는 '손익'이다.
③ (다)는 '이자수익 70,000원'이다.
④ (라)는 '보험료 20,000원'이다.

25. 다음은 개인기업인 영동상사의 기초재무상태 현황과 당기경영성과이다. 이들 자료로 기말자본금을 계산한 금액으로 옳은 것은?

기초재무상태 현황	• 당좌예금: 200,000원 • 건물: 400,000원 • 미지급금: 300,000원
당기경영성과	• 수익총액: 400,000원 • 비용총액: 200,000원

① 500,000원 ② 700,000원
③ 800,000원 ④ 900,000원

26. 다음 자료에 의하여 자본잉여금의 합계 금액을 계산한 것으로 옳은 것은?

• 자본금	5,000,000원	• 감자차익	100,000원
• 배당평균적립금	200,000원	• 주식발행초과금	300,000원
• 사업확장적립금	380,000원	• 자기주식처분이익	140,000원

① 400,000원 ② 440,000원
③ 500,000원 ④ 540,000원

27. 다음 자료에 의하여 영업이익을 구하시오.

• 기초상품재고	100,000원	• 기말상품재고	300,000원	• 당기상품매입	1,200,000원
• 급료	150,000원	• 이자비용	100,000원	• 매출액	3,000,000원
• 접대비	200,000원	• 기부금	170,000원	• 이자수익	50,000원

① 1,000,000원 ② 1,430,000원
③ 1,650,000원 ④ 2,000,000원

28. 다음 자료로 유동자산과 비유동자산의 합계액을 계산하면 얼마인가?

• 현금	350,000원	• 특허권	300,000원	• 토지	500,000원
• 외상매출금	400,000원	• 당좌예금	200,000원	• 받을어음	500,000원
• 상품	100,000원	• 자기주식	150,000원	• 개발비	100,000원

	유동자산	비유동자산
①	1,450,000원	1,050,000원
②	1,550,000원	900,000원
③	1,600,000원	850,000원
④	1,700,000원	800,000원

29. 다음은 일반기업회계기준에 의한 손익계산서의 양식이다. ( ) 안에 들어갈 손익의 종류를 바르게 나열한 것은? (단, 중단사업손익은 없다)

손익계산서

20×6년 1월 1일 ~ 20×6년 12월 31일

매출액	×××
매출원가	×××
(가)	×××
판매비와관리비	×××
(나)	×××
영업외수익	×××
영업외비용	×××
(다)	×××
법인세비용	×××
(라)	×××

	(가)	(나)	(다)	(라)
①	매출총손익	영업손익	법인세비용차감전순이익	당기순손익
②	매출총손익	법인세비용차감전순이익	영업손익	당기순손익
③	매출총손익	영업손익	당기순손익	법인세비용차감전순이익
④	영업손익	매출총손익	법인세비용차감전순이익	당기순손익

30. 다음 중 현금흐름표에 관한 설명으로 가장 올바르지 않은 것은?

① 현금흐름표는 기업의 활동을 영업활동, 투자활동, 재무활동으로 구분하여 각 활동별로 현금의 유입과 유출에 대한 내역을 보여준다.

② 영업활동 현금흐름을 통해 유형자산, 투자자산, 유가증권 등의 자산취득과 처분으로 인한 현금흐름을 파악할 수 있다.

③ 재무활동 현금흐름을 통해 현금의 차입 및 상환, 신주발행이나 배당금 지급 등으로 인한 현금흐름을 파악할 수 있다.

④ 현금흐름표의 작성법에는 영업활동 현금흐름을 보고하는 형식에 따라 직접법과 간접법이 있다.

| 주관식문제 |

<table>
<tr><td rowspan="2">【결산관리】
직무능력수행(성취도)평가</td><td rowspan="2">제한
시간</td><td rowspan="2">분</td><td>응시번호</td><td>성 명</td></tr>
<tr><td></td><td></td></tr>
</table>

동성상사의 다음 기말 결산정리사항에 의하여 정산표를 완성하고, 재무상태표와 포괄손익계산서를 작성하시오.

[기말결산정리사항]

(1) 기말상품재고액 500원이다.
(2) 기말매출채권 잔액의 2% 대손충당금을 설정한다.
(3) 단기매매증권의 공성가액 670원이다.
(4) 임차료 1년분 480원 중 3개월분은 미경과액이다.
(5) 기계장치감가상각은 정률법(정률 20%)을 적용한다.
(6) 가수금은 이자의 입금으로 판명되다.
(7) 현금및현금성자산의 실제잔액은 560원이다.
(8) 소모품의 미사용액은 70원이다.
(8) 당기분 법인세비용 추산액은 130원이다.

[결산정리분개]

<table>
<tr><td rowspan="2">구분</td><td colspan="2">차변</td><td colspan="2">대변</td></tr>
<tr><td>계정과목</td><td>금액</td><td>계정과목</td><td>금액</td></tr>
<tr><td rowspan="2">(1)</td><td></td><td></td><td></td><td></td></tr>
<tr><td></td><td></td><td></td><td></td></tr>
<tr><td rowspan="2">(2)</td><td></td><td></td><td></td><td></td></tr>
<tr><td></td><td></td><td></td><td></td></tr>
<tr><td rowspan="2">(3)</td><td></td><td></td><td></td><td></td></tr>
<tr><td></td><td></td><td></td><td></td></tr>
<tr><td rowspan="2">(4)</td><td></td><td></td><td></td><td></td></tr>
<tr><td></td><td></td><td></td><td></td></tr>
<tr><td rowspan="2">(5)</td><td></td><td></td><td></td><td></td></tr>
<tr><td></td><td></td><td></td><td></td></tr>
<tr><td>(6)</td><td></td><td></td><td></td><td></td></tr>
<tr><td>(7)</td><td></td><td></td><td></td><td></td></tr>
<tr><td>(8)</td><td></td><td></td><td></td><td></td></tr>
<tr><td>(9)</td><td></td><td></td><td></td><td></td></tr>
</table>

정 산 표

계정과목	시산표		정리기입		손익계산서		재무상태표	
	차변	대변	차변	대변	차변	대변	차변	대변
현금및현금성자산	470							
단기매매증권	600							
매출채권	3,500							
대손충당금		25						
이월상품	300							
기계장치	500							
기계장치감가상각누계액		100						
매입채무		600						
가수금		85						
퇴직급여충당부채		700						
자본금		3,000						
매출		3,600						
이자수익		260						
매입	1,700							
급여	700							
임차료	480							
소모품비	90							
잡비	30							
	8,370	8,370						
대손상각비								
단기매매증권평가이익								
선급임차료								
감가상각비								
잡이익								
소모품								
법인세비용								
미지급법인세								
당기순이익								

<u>재무상태표</u>

동성상사 20×6년 12월 31일 현재 (단위: 원)

과목	금액	과목	금액	
자산		**부채**		
유동자산		**유동부채**		
현금및현금성자산		매입채무		
단기매매증권		미지급법인세		
매출채권		**비유동부채**		
(대손충당금)		퇴직급여충당부채		전기분 생략
선급임차료		**부채총계**		
이월상품		**자본**		
소모품		자본금		
비유동자산		이익잉여금(당기순이익)		
기계장치		**자본총계**		
(기계장치감가상각누계액)				
자산총계		**부채와자본총계**		

포괄손익계산서

동성상사　　20×6년 1월 1일 ~ 20×6년 12월 31일　　(단위: 원)

과목	금액		
매출액			전기분 생략
매출원가			
매출총이익			
판매비와관리비			
급여			
임차료			
소모품비			
잡비			
대손상각비			
감가상각비			
영업이익			
영업외수익			
이자수익			
단기매매증권평가이익			
잡이익			
영업외비용			
–			
법인세비용차감전순이익			
법인세비용			
당기순이익			
기타포괄손익			
총포괄이익			

해답

1. 직무능력평가 해답
2. 직무능력수행(성취도)평가 문제 해답

1. 직무능력평가 해답

Part 01 | 전표관리 능력단위

| 제1장 | 회계상 거래의 인식

직무능력평가 1-1

재무상태표

현금및현금성자산	1,750	매입채무	1,030
단기매매증권	1,300	단기차입금	890
매출채권	900	미지급금	420
단기대여금	830	사채	1,300
상품	760	자본금	(5,000)
건물	2,400		
품	700		
	8,640		8,640

직무능력평가 1-2

1.

구분	당기순손익 계산
자본유지접근법 (재산법)	기말자본 700원－기초자본 400원＝순이익 300원
	기말자본 300원－기초자본 550원＝순손실 250원
거래접근법 (손익법)	총수익 680원－총비용 500원＝순이익 180원
	총수익 400원－총비용 630원＝순손실 230원

2.

손익계산서

급여	3,700	상품매출이익	6,000
임차료	1,300	이자수익	720
세금과공과	530	임대료	340
광고선전비	780	유형자산 처분이익	470
이자비용	290		
당기순이익	930		
	7,530		7,530

3.

손익계산서

급여	4,900	상품매출이익	5,780
임차료	1,200	이자수익	640
세금과공과	420	임대료	280
광고선전비	870	유형자산처분이익	730
이자비용	180	당기순손실	270
단기매매증권처분손실	130		
	7,700		7,700

직무능력평가 1-3

구분	차변요소	대변요소
(1)	자산의 증가	자본의 증가
(2)	비용의 발생	자산의 감소
(3)	자산의 증가	부채의 증가
(4)	비용의 발생	자산의 감소
(5)	자산의 증가	수익의 발생
(6)	자산의 증가	부채의 증가
(7)	자산의증가	자산의 감소
(8)	자산의 증가	자산의 감소
(9)	부채의 감소	자산의 감소
(10)	자산의 증가	수익의 발생

직무능력평가 1-4

구분	거래요소의 결합관계		거래의 종류
	차변요소	대변요소	
(1)	자산의 증가	부채의 증가	교환거래
(2)	비용의 발생	자산의 감소	손익거래
(3)	자산의 증가	수익의 발생	손익거래
(4)	부채의 감소	자산의 감소	교환거래
(5)	자산의 증가 비용의 발생	자산의 감소	혼합거래

직무능력평가 1-5

1.

구분		차변		대변	
(1)	거래요소	자산증가		자산감소	
	분개	상품	5,100	현금	5,100
(2)	거래요소	자산증가		자산감소	
	분개	차량운반구	1,700	현금	1,700
(3)	거래요소	자산증가		자산감소	
	분개	미수금	2,100	차량운반구	2,100
(4)	거래요소	자산증가		자산감소	
	분개	임차보증금	1,000	현금	1,000
(5)	거래요소	자산증가		부채증가	
	분개	상품	700	지급어음	700
(6)	거래요소	자산증가		부채증가	
	분개	비품	5,400	미지급금	5,400
(7)	거래요소	자산증가		부채증가	
	분개	현금	6,200	단기차입금	6,200
(8)	거래요소	자산증가		부채증가	
	분개	현금	850	예수금	850
(9)	거래요소	자산증가		자본증가	
	분개	비품	400	자본금	400
(10)	거래요소	자산증가		수익발생	
	분개	현금	500	수수료수익	500
(11)	거래요소	자산증가		수익발생	
	분개	현금	1,200	이자수익	1,200

2.

구분		차변		대변	
(1)	거래요소	부채감소		자산감소	
	분개	지급어음	3,200	당좌예금	3,200
(2)	거래요소	부채감소		자산감소	
	분개	미지급금	4,300	현금	4,300
(3)	거래요소	부채감소		자산감소	
	분개	예수금	930	현금	930
(4)	거래요소	부채감소		부채증가	
	분개	미지급금	1,700	어음미지급금	1,700
(5)	거래요소	부채감소		수익발생	
	분개	단기차입금	2,500	채무면제이익	2,500

(6)	거래요소	자본감소	부채증가
	분개	자본금 1,200	장기차입금 1,200
(7)	거래요소	자본감소	자산감소
	분개	인출금 700	현금 700
(8)	거래요소	비용발생	자산감소
	분개	급여 6,700	현금 6,700
(9)	거래요소	비용발생	자산감소
	분개	복리후생비 1,000	현금 1,000
(10)	거래요소	비용발생	자산감소
	분개	임차료 3,800	당좌예금 3,800
(11)	거래요소	비용발생	자산감소
	분개	접대비 7,400	현금 7,400

3.

구분		차변	대변
(1)	거래요소	자산증가	부채증가
	분개	현금 1,400	선수금 1,400
(2)	거래요소	비용발생	자산감소
	분개	수도광열비 4,500	현금 4,500
(3)	거래요소	자신증가	자산감소
	분개	비품 3,700	혀금 3,700
(4)	거래요소	부채감소	자산감소
	분개	선수금 4,300	상품 4,300
(5)	거래요소	자산증가 비용발생	자산감소
	분개	단기매매증권 7,000 수수료비용 200	당좌예금 7,000 현금 200
(6)	거래요소	자산증가	자산감소
	분개	미수금 1,900	기계장치 1,900
(7)	거래요소	부채감소	자산감소
	분개	단기차입금 3,100	현금 3,100
(8)	거래요소	자산증가	자산감소
	분개	선급금 400	현금 400
(9)	거래요소	자산증가	수익발생
	분개	현금 4,800	임대료 4,800
(10)	거래요소	부채감소	부채증가
	분개	외상매입금 7,700	지급어음 7,700
(11)	거래요소	자산증가	자산감소
	분개	개발비 1,900	현금 1,900

4.

구분		차변		대변	
(1)	거래요소	자산증가		부채증가	
	분개	상품	2,600	외상매입금	2,600
(2)	거래요소	부채감소		부채증가	
	분개	단기차입금	1,700	어음차입금	1,700
(3)	거래요소	자산증가		자산감소	
	분개	상품	3,100	받을어음	3,100
(4)	거래요소	비용발생		자산감소	
	분개	광고선전비	5,600	현금	5,600
(5)	거래요소	자산증가		부채증가	
	분개	비품	4,300	어음미지급금	4,300
(6)	거래요소	자산증가		부채증가	
	분개	당좌예금	2,000	가수금	2,000
(7)	거래요소	자산증가		자본증가	
	분개	현금	5,000	자본금	5,000
(8)	거래요소	부채감소		자산감소	
	분개	외상매입금	4,100	현금	4,100
(9)	거래요소	비용발생		부채증가	
	분개	접대비	9,100	미지급금	9,100
(10)	거래요소	부채감소		자본증가	
	분개	(전환)사채	5,800	자본금	5,800
(11)	거래요소	비용발생		자산감소	
	분개	세금과공과	1,600	현금	1,600
(12)	거래요소	자본감소		자본증가	
	분개	자본잉여금	3,700	자본금	3,700

직무능력평가 1-6

구분	차변		대변	
	계정과목	금액	계정과목	금액
10월 1일	현금	1,000	자본금	1,000
10월 4일	임차보증금	500	현금	500
10월 6일	비품	100	현금	100
10월 17일	현금	400	수수료수익	400
10월 25일	급여	180	현금	180
10월 27일	임차료	120	현금	120

현금

10. 1	자본금	1,000	10.4	임차보증금	500
10.17	수수료수익	400	10.6	비품	100
			10.25	급여	180
			10.27	임차료	120

자본금

			10. 1	현금	1,000

임차보증금

10. 4	현금	500			

비품

10. 6	현금	100			

수수료수익

			10.17	현금	400

급여

10.25	현금	180			

임차료

10.27	현금	120			

직무능력평가 1-7

1.

구분	차변		대변	
	계정과목	금액	계정과목	금액
(1)	현금	500	수수료수익	500
(2)	비품	400	현금	400

2.

구분	차변		대변	
	계정과목	금액	계정과목	금액
(1)	현금과부족	70	현금	70
(2)	임차료	50	현금과부족	50
(3)	잡손실	20	현금과부족	20

3.

구분	차변		대변	
	계정과목	금액	계정과목	금액
(1)	현금	150	현금과부족	150
(2)	현금과부족	80	이자수익	80
(3)	현금과부족	70	잡이익	70

직무능력평가 1-8

구분	차변		대변	
	계정과목	금액	계정과목	금액
9월 2일	당좌예금	1,000	현금	1,000
9월 13일	비품	1,300	당좌예금 당좌차월(단기차입금)	1,000 300
9월 15일	당좌차월(단기차입금) 당좌예금	300 400	수수료수익	700
9월 20일	현금	100	당좌예금	100
9월 25일	당좌예금 현금	150 350	수수료수익	500

직무능력평가 1-9

구분	차변		대변	
	계정과목	금액	계정과목	금액
(1)	단기금융상품	800	현금	800
(2)	현금	850	단기금융상품 이자수익	800 50

직무능력평가 1-10

1.

구분	차변		대변	
	계정과목	금액	계정과목	금액
(1)	단기매매증권 수수료비용	300 20	현금	320
(2)	현금	400	단기매매증권 단기매매증권분이익	300 100
(3)	현금 단기매매증권처분손실	250 50	단기매매증권	300

2.

구분	차변		대변	
	계정과목	금액	계정과목	금액
(1)	단기매매증권평가손실	70	단기매매증권	70
(2)	단기매매증권	120	단기매매증권평가이익	120
(3)	현금	180	이자수익	180
(4)	현금	90	배당금수익	90

3.

구분	차변		대변	
	계정과목	금액	계정과목	금액
20×6년 10월 21일	단기매매증권 수수료비용	18,000[1)] 700	현금	18,700
20×6년 12월 31일	단기매매증권	2,400	단기매매증권평가이익	2,400[2)]
20×7년 3월 22일	현금 단기매매증권처분손실	6,200[4)] 600[5)]	단기매매증권	6,800[3)]

1) 취득주식수 30주×1주 취득가 600원=단기매매증권 취득가 18,000원
2) 보유주식수 30주×(1주당 공정가치 680원−1주당 장부가(취득가) 600원)
=단기매매증권평가이익 2,400원
3) 처분주식수 10주×1주당 장부가 680원=단기매매증권 장부가 6,800원
4) (처분주식수 10주×1주당 처분가 650원)−처분수수료 300원=(실제)처분대가 6,200원
5) 처분가 6,200원−장부가 6,800원=단기매매증권처분손실 600원

직무능력평가 1-11

1.

구분	거래내용
(1) 상품 매출시	원가 500원의 상품을 600원에 외상으로 매출하다.
분기법	(차) 외상매출금 600 (대) 상품 500 상품매출이익 100
총기법	(차) 외상매출금 600 상품 600
(2) 반품시	위 (1)의 상품 매출 중 60원이 반품되다.
분기법	(차) 상품 50 (대) 외상매출금 60 상품매출이익 10
총기법	(차) 상품 60 (대) 외상매출금 60
(3) 가격 할인시	위 (1)의 매출한 상품의 하자로 40원을 할인하다.
분기법	(차) 상품매출이익 40 (대) 외상매출금 40

총기법	(차) 상품	40	(대) 외상매출금	40
(4) 대금 회수시	위 (1)의 외상매출금이 조기에 회수되어 20원을 할인하여 주고 480원의 현금을 받다.			
분기법	(차) 현금 상품매출이익	480 20	(대) 외상매출금	500
총기법	(차) 현금 상품	480 20	(대) 외상매출금	500
(5) 결산시	상품(상품매출이익)계정의 대변잔액 30원을 손익계정에 대체하다.			
분기법	(차) 상품매출이익	30	(대) 손익	30
총기법	(차) 상품	30	(대) 손익	30

2. [회계처리]

구분	일자	차변		대변	
거래분개	6월 26일	매입	500	외상매입금	500
	6월 28일	외상매입금	60	매입	60
	11월 14일	외상매출금	800	매출	800
	11월 17일	매출	50	외상매출금	50
결산 대체분개	12월 31일	매입	230	이월상품	230
	12월 31일	이월상품	280	매입	280
	12월 31일	손익	390	매입	390
	12월 31일	매출	750	손익	750

<u>관련계정</u>

이월상품

1. 1 전기이월	230	12.31 매입	230
12.31 매입	280	12.31 차기이월	280
	510		510

매입

6.26 외상매입금	500	6.28 외상매입금	60
12.31 이월상품	230	12.31 이월상품	280
		12.31 손익	390
	730		730

매출

11.17 외상매출금	50	10.14 외상매출금	800
12.31 손익	750		
	800		800

손익

12.31 매입	390	12.31 매출	750
12.31 매출총이익	360		
	750		750

직무능력평가 1-12

1.

구분	차변		대변	
	계정과목	금액	계정과목	금액
(1)	단기대여금	900	현금	900
(2)	현금	940	단기대여금 이자수익	900 40
(3)	현금	600	단기차입금	600
(4)	단기차입금 이자비용	600 30	현금	630

2.

구분	차변		대변	
	계정과목	금 액	계정과목	금 액
(1)	미수금	400	건물	400
(2)	현금	400	미수금	400
(3)	차량운반구	200	미지급금	200
(4)	미지급금	200	현금	200

3.

구분	차변		내변	
	계정과목	금액	계정과목	금액
(1)	선급금	20	현금	20
(2)	매입	300	선급금 외상매입금	20 280
(3)	현금	60	선수금	60
(4)	선수금 외상매출금	60 640	매출	700
(5)	현금	100	상품권선수금	100
(6)	상품권선수금 현금	100 200	매출	300

4.

구분	차변		대변	
	계정과목	금액	계정과목	금액
(1)	가지급금	700	현금	700
(2)	여비교통비	860	가지급금 현금	700 160
(3)	여비교통비 현금	450 250	가지급금	700
(4)	당좌예금	500	가수금	500
(5)	가수금	500	외상매출금	500

5.

구분	차변		대변	
	계정과목	금액	계정과목	금액
(1)	종업원단기대여금	150	현금	150
(2)	급여	600	종업원단기대여금 현금	150 450
(3)	급여	700	소득세예수금 보험료예수금 현금	60 30 610
(4)	소득세예수금 보험료예수금	60 30	현금	90

직무능력평가 1-13

1.

구분	차변		대변	
	계정과목	금액	계정과목	금액
(1)	외상매출금	500	매출	500
(2)	매입	700	외상매입금	700
(3)	받을어음	300	매출	300
(4)	매입	200	지급어음	200
(5)	매입	800	받을어음	800

2.

구분	차변		대변	
	계정과목	금액	계정과목	금액
(1)	어음대여금(단기대여금)	500	현금	500
(2)	현금	500	어음대여금(단기대여금)	500
(3)	현금	200	어음차입금(단기차입금)	200
(4)	어음차입금(단기차입금)	200	현금	200

3.

구분	차변		대변	
	계정과목	금액	계정과목	금액
(1)	어음미수금(미수금)	300	토지	300
(2)	현금	300	어음미수금(미수금)	300
(3)	기계장치	200	어음미지급금(미지급금)	200
(4)	어음미지급금(미지급금)	200	현금	200

직무능력평가 1-14

1.

구분	차변		대변	
	계정과목	금액	계정과목	금액
(1)	대손상각비	30	대손충당금	30
(2)	대손상각비	10	대손충당금	10
(3)	대손충당금	20	대손충당금환입	20

2.

구분	차변		대변	
	계정과목	금액	계정과목	금액
(1)	대손상각비	500	외상매출금	500
(2)	대손충당금	500	외상매출금	500
(3)	대손충당금 대손상각비	200 300	외상매출금	500

3.

구분	차변		대변	
	계정과목	금액	계정과목	금액
(1)	현금	400	대손충당금 대손상각비	300 100
(2)	현금	400	대손충당금	400
(3)	현금	100	대손충당금	100

직무능력평가 1-15

1.

구분	차변		대변	
	계정과목	금액	계정과목	금액
(1)	감가상각비	50	(비품)감가상각누계액	50
(2)	감가상각비	40	(기계장치)감가상각누계액	40

2.

구분	차변		대변	
	계정과목	금액	계정과목	금액
(1)	건물	800	현금	800
(2)	수선비	300	현금	300

3.

구분	차변		대변	
	계정과목	금액	계정과목	금액
(1)	건물	1,500	현금	1,500
(2)	비품감가상각누계액 현금	400 1,000	비품 유형자산처분이익	1,200 200
(3)	건물감가상각누계액 현금 유형자산처분손실	300 700 300	건물	1,300

직무능력평가 1-16

1.

구분	차변		대변	
	계정과목	금액	계정과목	금액
(1)	현금	2,000	자본금	2,000
(2)	비품	1,000	자본금	1,000
(3)	손익	400	자본금	400
(4)	자본금	300	손익	300

2.

구분	차변		대변	
	계정과목	금액	계정과목	금액
(1)	인출금	600	현금	600
(2)	자본금	600	인출금	600
(3)	인출금	500	현금	500
(4)	세금과공과	400	현금	400

3.

구분	차변		대변	
	계정과목	금액	계정과목	금액
(1)	매입 부가가치세대급금	2,000 200	외상매입금	2,200
(2)	외상매출금	3,850	매출 부가가치세예수금	3,500 350
(3)	부가가치세예수금	350	부가가치세대급금 미지급금	200 150
(4)	미지급금	150	현금	150
(5)	부가가치세예수금 미수금	420 80	부가가치세대급금	500
(6)	현금	80	미수금	80

직무능력평가 1-17

1.

구분	차변		대변	
	계정과목	금액	계정과목	금액
(1)	당좌예금	500,000	자본금	500,000
(2)	당좌예금	600,000	자본금 주식발행초과금	500,000 100,000
(3)	당좌예금 주식할인발행차금	450,000 50,000	자본금	500,000

2.

구분	차변		대변	
	계정과목	금액	계정과목	금액
(1)	당좌예금	300,000	사채	300,000
(2)	당좌예금	360,000	사채 사채할증발행차금	300,000 60,000
(3)	당좌예금 사채할인발행차금	270,000 30,000	사채	300,000

| 제2장 | 전표 작성

직무능력평가 2-1

1.

구분	차변		대변	
	계정과목	금액	계정과목	금액
(1) 10월 10일	매입	2,000	현금	2,000
(2) 10월 15일	현금	1,200	매출	1,200
(3) 10월 20일	외상매출금	2,100	매출	2,100

출금전표

No. *1* *201×년 10월 10일* 검인 담당

과목	*매입*	성명	*경기상사*
적 요			금 액
갑 상품 50개 @40원			*2,000*
합 계			*2,000*

입금전표

No. *2* *201×년 10월 15일* 검인 담당

과목	*매출*	성명	*전북상사*
적 요			금 액
갑 상품 20개 @60원			*1,200*
합 계			*1,200*

<table>
<tr><td colspan="4">대체전표</td></tr>
<tr><td colspan="2">No. 3</td><td>201×년 10월 20일</td><td>검인 | 담당</td></tr>
<tr><td>계정과목</td><td>차변</td><td>계정과목</td><td>대변</td></tr>
<tr><td>외상매출금</td><td>2,100</td><td>매출</td><td>2,100</td></tr>
<tr><td></td><td></td><td></td><td></td></tr>
<tr><td></td><td></td><td></td><td></td></tr>
<tr><td></td><td></td><td></td><td></td></tr>
<tr><td>합 계</td><td>2,100</td><td>합 계</td><td>2,100</td></tr>
<tr><td>적 요</td><td colspan="3">제주상사에 갑 상품 2,100원(30개 @70원) 매출</td></tr>
</table>

2.

구분	차변		대변	
	계정과목	금액	계정과목	금액
11월 23일	현금 외상매출금	50,000 30,000	매출	80,000

<table>
<tr><td colspan="4">(입금)전표</td></tr>
<tr><td colspan="2">No. 1-1</td><td>201×년 11월 23일</td><td>검인 | 담당</td></tr>
<tr><td>과목</td><td>매출</td><td>성명</td><td>오산상사</td></tr>
<tr><td colspan="3">적 요</td><td>금 액</td></tr>
<tr><td colspan="3">을 상품 200개 @400원 매출, 일부 현금 잔액은 외상</td><td>50,000</td></tr>
<tr><td colspan="3"></td><td></td></tr>
<tr><td colspan="3"></td><td></td></tr>
<tr><td colspan="3">합 계</td><td>50,000</td></tr>
</table>

대체전표

No. 1-2	201×년 11월 23일	검인		담당	

계정과목	차변	계정과목	대변
외상매출금	*30,000*	*매출*	*30,000*
합 계	*30,000*	합 계	*30,000*
적 요	*오산상사에 을 상품 200개 @400원 매출, 일부 외상, 잔액은 현금*		

| 제3장 | 증빙서류 관리

직무능력평가 3-1

1. (1) 3만, 1만
   (2) 세금계산서, 계산서, 신용카드매출전표, 현금영수증
   (3) 공급받는 자의 등록번호, 공급가액, 부가가치세액, 작성연월일
   (4) 사업자 지출증빙
   (5) 비법정지출증빙

2. (1) (간이)영수증
   (2) 계산서

직무능력평가 3-2

1. (1) 원천징수영수증
   (2) 내부지출결의서
   (3) 청첩장
   (4) 20만원
   (5) 입금증

직무능력평가 3-3

1. (1) 급여지급대장 (2) 5년

Part 02 | 결산관리 능력단위

| 제1장 | 결산 분개

직무능력평가 1-1

1.

구분	차변		대변	
	계정과목	금액	계정과목	금액
(1)	임대료	400	선수(수익)임대료	400
(2)	선급(비용)보험료	2,100	보험료	2,100
(3)	미수(수익)이자	200	이자수익	200
(4)	이자비용	600	미지급(비용)이자	600

2.

구분	차변		데변	
	계정과목	금액	계정과목	금액
7월 10일	소모품비	3,000	현금	3,000
12월 31일	소모품	1,800	소모품비	1,800
1월 1일	소모품비	1,800	소모품	1,800

3.

구분	차변		대변	
	계정과목	금액	계정과목	금액
7월 10일	소모품	3,000	현금	3,000
12월 31일	소모품비	1,200	소모품	1,200

직무능력평가 1-2

1.

구분	차변		대변	
	계정과목	금액	계정과목	금액
(1)	매입	350	이월상품	350
	이월상품	400	매입	400
(2)	단기매매증권평가손실	150	단기매매증권	150
(3)	대손상각비	2	대손충당금	2
(4)	감가상각비	40	건물감가상각누계액	40
(5)	소모품	10	소모품비	10
(6)	선급(비용)보험료	8	보험료	8
(7)	임대료	18	선수(수익)임대료	18
(8)	미수(수익)이자	13	이자수익	13

(1) 기초상품(수정전 시산표 이월상품) 350원, 기말상품 400원

(2) 장부가 600원－공정가 450원＝단기매매증권평가손실 150원

(3) ① 외상매출금 1,200원×대손예상률 1%＝총설정액 12원
② 총설정액 12원－기설정액 10원＝당기설정액 2원

(4) 건물의 취득원가 400원÷10년＝1년의 감가상각비 40원

(5) 소모품 사용액 90원－소모품 미사용액 10원＝소모품 실제사용액 80원
∴ 소모품비 과다계상액 10원

(6) ① 장부상 보험료 24원÷12개월＝1개월분 보험료 2원
② 1개월분 보험료 2원×미경과(선급)월수 4개월＝선급보험료 8원

(7) ① 장부상 임대료 72원÷12개월＝1개월분 임대료 6원
② 1개월분 임대료 6원×미경과(선수)월수 3개월＝선수임대료 18원

2.

구분	차변		대변	
	계정과목	금액	계정과목	금액
(1)	매입	200	이월상품	200
	이월상품	400	매입	400
	재고자산감모손실	30	이월상품	30
	재고자산평가손실	74	재고자산평가충당금	74
(2)	대손상각비	33	대손충당금	33
(3)	감가상각비	90	비품감가상각누계액	90
(4)	소모품비	20	소모품	20
(5)	선급(비용)임차료	25	임차료	25
(6)	잡손실	10	현금과부족	10
(7)	퇴직급여	338	퇴직급여충당부채	338
(8)	가수금	600	외상매출금	600

(1) ① (장부재고수량 40개－실제재고수량 37개)×단위당 장부원가 @10원
＝재고자산감모손실 30원
② (단위당 장부가 10원－단위당 순실현가능액 8원)×실제재고수량 37개
＝재고자산평가손실 74원

(2) ① 외상매출금 2,400원×대손예상률 2%＝총설정액 48원
② 총 설정액 48원－기설정액 15원＝당기 설정액 33원

(3) ① 비품의 취득원가 1,000원－비품감가상각누계액 100원＝미상각잔액 900원
② 미상각잔액 900원×정률 10%＝1년의 감가상각비 90원

(4) 소모품 미사용액 80원－소모품 사용액 20원＝소모품 실제 미사용액 60원
∴ 소모품 과다계상액 20원

(5) ① 장부상 임차료 60원÷12개월=1개월분 임차료 5원

② 1개월분 임차료 5원×미경과(선급)월수 5개월=선급임차료 25원

(7) 퇴직금추계액 658원−기퇴직급여충당부채 설정액 320=당기 설정액 338원

| 제2장 | 장부 마감

직무능력평가 2-1

[결산정리분개]

구분	차변		대변	
	계정과목	금액	계정과목	금액
(1)	매입	200	이월상품	200
	이월상품	300	매입	300
(2)	감가상각비	40	비품감가상각누계액	40
(3)	선급보험료	20	보험료	20
(4)	급여	80	미지급급여	80

총계정원장

현금(1)

…	1,700	…	1,390
		차기이월	310
	1,700		1,700

외상매출금(2)

…	1,950	…	750
		차기이월	1,200
	1,950		1,950

이월상품(3)

전기이월	200	(1)매입	200
(1)매입	300	차기이월	300
	500		500

비품(4)

…	400	차기이월	400

외상매입금(5)

…	500	…	1,230
차기이월	730		
	1,230		1,230

비품감가상각누계액(6)

차기이월	120	…	80
		(2)감가상각비	40
	120		120

자본금(7)

차기이월	1,300	…	1,000
		★손익	300
	1,300		1,300

매출(8)

…	200	…	2,600
①손익	2,400		
	2,600		2,600

매입(9)

차변	금액	대변	금액
…	2,300	…	490
(1)이월상품	200	(1)이월상품	300
		②손익	1,710
	2,500		2,500

급여(10)

차변	금액	대변	금액
…	240	③손익	320
(4)미지급급여	80		
	320		320

보험료(11)

차변	금액	대변	금액
…	50	(3)선급보험료	20
		④손 익	30
	50		50

감가상각비(12)

차변	금액	대변	금액
(2)감가상각누계액	40	⑤손 익	40

미지급급여(13)

차변	금액	대변	금액
차기이월	80	(4)급여	80

선급보험료(14)

차변	금액	대변	금액
(3)보험료	20	차기이월	20

손 익

차변	금액	대변	금액
②매입	1,710	①매출	2,400
③급여	320		
④보험료	30		
⑤감가상각비	40		
★자본금	300		
	2,400		2,400

이월시산표

차변	금액	대변	금액
(1)현금	310	(5)외상매입금	730
(2)외상매출금	1,200	(6)비품감가상각누계액	120
(3)이월상품	300	(13)미지급급여	80
(4)비품	400	(7)자본금	1,300
(14)선급보험료	20		
	2,230		2,230

[비용 · 수익 대체분개]

구분	차변		대변	
	계정과목	금액	계정과목	금액
①	매출	2,400	손익	2,400
②	손익	1,710	매입	1,710
③	손익	320	급여	320
④	손익	30	보험료	30
⑤	손익	40	감가상각비	40

[당기순이익 대체분개]

구분	차변		대변	
	계정과목	금액	계정과목	금액
★	손익	300	자본금	300

직무능력평가 2-2

상품재고장

(선입선출법) 품명: 갑 상품 (단위: 원)

날짜	적요	인수			인도			잔고		
		수량	단가	금액	수량	단가	금액	수량	단가	금액
9.1	전월이월	30	5	150				30	5	150
9.4	매입	50	7	350				30	5	150
								50	7	350
9.6	매입에누리						50	30	5	150
								50	6	300
9.19	매입	100	8	800				30	5	150
								50	6	300
								100	8	800
9.25	환출				10	8	80	30	5	150
								50	6	300
								90	8	720
9.27	매출				30	5	150			
					50	6	300			
					30	8	240	60	8	480
9.30	차월이월				60	8	480			
		180		1,300	180		1,300			
10.1	전월이월	60	8	480				60	8	480

상품재고장

(이동평균법) 품명: 갑 상품 (단위: 원)

날짜	적요	인수			인도			잔고		
		수량	단가	금액	수량	단가	금액	수량	단가	금액
9.1	전월이월	30	5	150				30	5	150
9.4	매입	50	7	350				80	6.3	500
9.6	매입에누리						50	80	5.6	450
9.19	매입	100	8	800				180	6.9	1,250
9.25	환출				10	8	80	170	6.9	1,170
9.27	매출				110	6.9	759	60	6.9	411
9.30	차월이월				60	6.9	411			
		180		1,300	180		1,300			
10.1	전월이월	60	6.9	411				60	6.9	411

상품재고장

(후입선출법) 품명: 갑 상품 (단위: 원)

날짜	적요	인수			인도			잔고		
		수량	단가	금액	수량	단가	금액	수량	단가	금액
9.1	전월이월	30	5	150				30	5	150
9.4	매입	50	7	350				30	5	150
								50	7	350
9.6	매입에누리						50	30	5	150
								50	6	300
9.19	매입	100	8	800				30	5	150
								50	6	300
								100	8	800
9.25	환출				10	8	80	30	5	150
								50	6	300
								90	8	720
9.27	매출				90	8	720			
					20	6	120	30	5	150
								30	6	180
9.30	차월이월				30	5	150			
					30	6	180			
		180		1,300	180		1,300			
10.1	전월이월	30	5	150				30	5	150
		30	6	180				30	6	180

직무능력평가 2-3

1.

구분		차변		대변	
(1)	잘못된 분개	외상매입금	4,000	현금	4,000
	수정분개	매입	4,000	외상매입금	4,000
(2)	잘못된 분개	분개하지 않았음			
	수정분개	수도광열비	3,000	현금	3,000
(3)	잘못된 분개	차량운반구	5,000	외상매입금	5,000
	수정분개	외상매입금	5,000	미지급금	5,000
(4)	잘못된 분개	이자비용	2,100	당좌예금	2,100
	수정분개	당좌예금	2,100	현금	2,100
(5)	잘못된 분개	현금	3,800	수수료수익	3,800
	수정분개	수수료수익	3,800	이자수익	3,800
(6)	잘못된 분개	수수료비용	12,000	현금	12,000
	수정분개	현금	10,800	수수료비용	10,800
(7)	잘못된 분개	임차료	400	현금	400
	수정분개	임차료	3,600	현금	3,600

2.

구분		차변		대변	
20×6년	잘못된 분개	수선비	1,000	현금	1,000
	20×6년 발견시 수정분개	건물	1,000	수선비	1,000
20×7년	20×6년 미수정시 수정분개(20×6년분)	건물	1,000	이월이익잉여금	1,000
		이월이익잉여금*	200	감가상각누계액	200
	결산분개	감가상각비**	1,200	감가상각누계액	1,200

* 건물(자본적지출) 1,000÷5년=200원

** (취득원가 5,000+자본적지출 1,000)÷5년=1,200원

직무능력평가 2-4

1.

구분	차변		대변	
	계정과목	금액	계정과목	금액
(1)	당좌예금	50,000	자본금	50,000
(2)	당좌예금	54,000	자본금 주식발행초과금	50,000 4,000
(3)	당좌예금 주식할인발행차금	48,000 2,000	자본금	50,000
(4)	주식발행초과금	30,000	자본금	30,000

2.

구분	차변		대변	
	계정과목	금액	계정과목	금액
(1)	자본금	50,000	현금 감자차익	43,000 7,000
(2)	자본금	10,000	이월결손금 감자차익	8,000 2,000

3.

구분	차변		대변	
	계정과목	금액	계정과목	금액
(1)	자기주식	35,000	현금	35,000
(2)	현금	7,600	자기주식 자기주식처분이익	7,000 600
(3)	현금 자기주식처분이익 자기주식처분손실	12,000 600 1,400*	자기주식	14,000

* 자기주식처분손실은 이미 발생한 자기주식처분이익에서 차감하고 그래도 잔액이 있으면 잉여금처분시 잉여금에서 차감한다. 따라서 (3)의 저가처분시 본래는 자기주식처분손실 2,000원이 발생하지만 기발생한 자기주식처분이익 600원이 기록되어 소멸되고 나머지 1,400원이 자기주식처분손실로 계상되었다.

| 제3장 | 재무제표 작성

직무능력평가 3-1

1.

구분	차변		대변	
	계정과목	금액	계정과목	금액
(1)	매입	150	이월상품	150
	이월상품	200	매입	200
(2)	단기매매증권	300	단기매매증권평가이익	300
	(공정가 @150원×10주) − (장부가 @120원×10주) = 300원			
(3)	대손상각비	12	대손충당금	12
	매출채권 1,500원×2% = 대손추산액 30원, 30원 − 기설정충당금 18원 = 12원			
(4)	비품감가상각비	90	비품감가상각누계액	90
	(비품 1,000원 − 감가상각누계액 100) × 10% = 90원			
(5)	소모품비	40	소모품	40
(6)	선급보험료	10	보험료	10
	(1년분 보험료 24원 ÷ 12개월) × 5개월 = 10원			
(7)	임대료	30	선수임대료	30
(8)	미수이자	20	이자수익	20

수정후 잔액시산표

남부상사 20×6년 12월 31일 현재 (단위: 원)

차변	금액	대변	금액
현금	800	매입채무	730
단기매매증권	1,500	대손충당금	30
매출채권	1,500	비품감가상각누계액	190
이월상품	200	자본금	3,200
소모품	30	매출	2,600
비품	1,000	임대료	65
매입	1,750	이자수익	47
급여	180	단기매매증권평가이익	300
보험료	14	선수임대료	30
수수료비용	30		
잡비	16		
대손상각비	12		
비품감가상각비	90		
소모품비	40		
선급보험료	10		
미수이자	20		
	7,192		7,192

재무상태표

차변	금액	대변	금액
현금	800	매입채무	730
단기매매증권	1,500	대손충당금	30
매출채권	1,500	비품감가상각누계액	190
이월상품	200	선수임대료	30
소모품	30	자본금	3,200
비품	1,000	당기순이익	880
선급보험료	10		
미수이자	20		
	5,060		5,060

손익계산서

차변	금액	대변	금액
매입	1,750	매출	2,600
급여	180	임대료	65
보험료	14	이자수익	47
수수료비용	30	단기매매증권평가이익	300
잡비	16		
대손상각비	12		
비품감가상각비	90		
소모품비	40		
당기순이익	880		
	3,012		3,012

2. [결산정리분개]

구분	차변		대변	
	계정과목	금액	계정과목	금액
(1)	매입	100	이월상품	100
	이월상품	150	매입	150
(2)	대손상각비	20	대손충당금	20
	매출채권 2,500×2%=대손추산액 50원, 50원－기설정충당금 30원=20원			
(3)	단기매매증권평가손실	160	단기매매증권	160
	장부가 500원－공정가 340원=160원			
(4)	선급보험료	80	보험료	80
	(1년분보험료 240÷12개월)×4개월=80			
(5)	감가상각비	124	기계장치감가상각누계액	124
	(기계장치 1,000원－동감가상각누계액 380원)×20%=124원			
(6)	가수금	40	이자수익	40
(7)	잡손실	10	현금및현금성자산	10
(8)	소모품	50	소모품비	50
(9)	법인세비용	30	미지급법인세	30

<u>정 산 표</u>

계정과목	시산표		정리기입		손익계산서		재무상태표	
	차변	대변	차변	대변	차변	대변	차변	대변
현금및현금성자산	1,490			⑦10			1,480	
단기매매증권	500			③160			340	
매출채권	2,500						2,500	
대손충당금		30		②20				50
이월상품	100		①150	①100			150	
기계장치	1,000						1,000	
기계장치 감가상각누계액		380		⑤124				504
매입채무		300						300
가수금		40	⑥40					0
퇴직급여충당부채		700						700
자본금		3,500						3,500
매출		3,400				3,400		
이자수익		180		⑥40		220		
매입	2,100		①100	①150	2,050			
급여	500				500			
보험료	240			④80	160			
소모품비	80			⑧50	30			
잡비	20				20			
	8,530	8,530						
대손상각비			②20		20			
단기매매증권평가손실			③160		160			
선급보험료			④80				80	
감가상각비			⑤124		124			
잡손실			⑦10		10			
소모품			⑧50				50	
법인세비용			⑨30		30			
미지급법인세				⑨30				30
당기순이익					516			516
			764	764	3,620	3,620	5,600	5,600

재무상태표

경동상사 20×6년 12월 31일 현재 (단위: 원)

과목	금액	과목	금액	
자산		**부채**		전기분 생략
유동자산		**유동부채**		
현금및현금성자산	1,480	매입채무	300	
단기매매증권	340	미지급법인세	30	
매출채권	2,500	**비유동부채**		
(대손충당금)	(50)	퇴직급여충당부채	700	
선급보험료	80	**부채총계**	1,030	
이월상품	150	**자본**		
소모품	50	자본금	3,500	
비유동자산		이익잉여금(당기순이익)	516	
기계장치	1,000	**자본총계**	4,016	
(기계장치감가상각누계액)	(504)			
자산총계	5,046	**부채와자본총계**	5,046	

포괄손익계산서

경동상사 20×6년 1월 1일 ~ 20×6년 12월 31일 (단위: 원)

과목	금액		
매출액		3,400	전기분 생략
매출원가		2,050	
매출총이익		1,350	
판매비와관리비		854	
급여	500		
보험료	160		
소모품비	30		
잡비	20		
대손상각비	20		
감가상각비	124		
영업이익		496	
영업외수익		220	
이자수익	220		
영업외비용		170	
잡손실	10		
단기매매증권평가손실	160		
법인세비용차감전순이익		546	
법인세비용		30	
당기순이익		516	
기타포괄손익		0	
총포괄이익		516	

직무능력평가 3-2

자본변동표

제13기 20×6년 1월 1일 ~ 20×6년 12월 31일
(주)한성 제12기 20×5년 1월 1일 ~ 20×5년 12월 31일 (단위: 원)

구분	자본금	자본 잉여금	자본조정	기타 포괄손익 누계액	이익 잉여금	총계
전기분 생략						
20×6년 1월 1일(보고금액)	80,000	20,000	(5,000)	2,000	3,000	100,000
회계정책변경의 누적효과					0	0
전기오류수정이익					2,000	2,000
수정후 이익잉여금					5,000	102,000
연차배당					(3,000)	(3,000)
처분후 이익잉여금					2,000	99,000
유상증자	70,000	14,000				84,000
자기주식취득			(7,000)			(7,000)
매도가능증권평가이익				1,000		1,000
당기순이익					5,000*	5,000
20×6년 12월 31일	150,000	34,000	(12,000)	3,000	7,000	182,000

* 중대한 전기오류수정이익을 반영하기 전 당기순이익 7,000원 − 중대한 전기오류수정이익 2,000원 = 당기순이익 5,000원

직무능력평가 3-3

<u>현금흐름표</u>

과목	당기		
	금액		
영업활동으로 인한 현금흐름		30,000	전기분 생략
당기순이익	34,000		
현금유출이 없는 비용 등 가산			
감가상각비	8,000		
영업활동으로 인한 자산 · 부채의 변동			
매출채권의 증가(현금유출 −)	(30,000)		
재고자산의 감소(현금유입 +)	4,000		
매입채무의 증가(현금유입 +)	12,000		
미지급비용의 증가(현금유입 +)	2,000		
투자활동으로 인한 현금흐름		(8,000)	
투자활동으로 인한 현금유입			
매도가능증권의 처분(감소)	8,000		
투자활동으로 인한 현금유출			
유형(비품)자산의 취득(증가)	(16,000)		
재무활동으로 인한 현금흐름		(8,000)	
재무활동으로 인한 현금유입			
신주의 발행(증가)	24,000		
재무활동으로 인한 현금유출			
단기차입금의 상환(감소)	(32,000)		
현금의 증가		14,000	
기초의 현금		136,000	
기말의 현금		150,000	

직무능력평가 3-4

1.

이익잉여금처분계산서

제 11 기	20×6년 1월 1일부터 20×6년 12월 31일까지	제 10 기	20×5년 1월 1일부터 20×5년 12월 31일까지
처분예정일	20×7년 2월 28일	처분확정일	20×6년 2월 28일

㈜강동 (단위: 원)

과목	당기(11기)		
	금액		
미처분이익잉여금		1,060	전기분 생략
전기이월미처분이익잉여금	200		
회계변경의 누적효과(−)	(120)		
전기오류수정이익	180		
전기오류수정손실	(100)		
당기순이익	900		
임의적립금이입액		330	
배당평균적립금	180		
별도적립금	150		
합계		1,390	
이익잉여금처분액		1,340	
이익준비금	80		
주식할인발행차금상각	300		
현금배당금	800		
사업합리화적립금	160		
차기이월미처분이익잉여금		50	

2.

결손금처리계산서

제 12 기	20×6년 1월 1일부터 20×6년 12월 31일까지	제 11 기	20×5년 1월 1일부터 20×5년 12월 31일까지
처분예정일	20×7년 2월 28일	처분확정일	20×6년 2월 28일

㈜ 진한 (단위: 원)

과목	당기(12기)		
	금액		
미처리결손금		430	전기분 생략
전기이월미처리결손금	100		
회계변경의 누적효과(−)	120		
전기오류수정이익	(70)		

당기순손실	280		
결손금처리액		300	전기분 생략
배당평균적립금이입액	100		
이익준비금이입액	170		
자기주식처분이익이입액	30		
차기이월미처리결손금		130	

2. 직무능력수행(성취도)평가 문제 해답

Part 01 | 전표관리 능력단위

| 객관식문제 |

1. ④ 회계상의 거래는 자산, 부채, 자본에 증감 변화가 있어야 하므로, 주문, 계약 등은 회계상의 거래가 아니다.

2. ③ (차) 비품 80,000 (대) 미지급금 80,000

3. ① (차) 현금 (대) 이자수익

4. ② 혼합거래는 손익거래와 교환거래가 동시에 발생한다.

5. ④

6. ①

7. ② 상품 등 매입시 운임 등의 부대비용은 원가에 가산한다.

8. ④ 동점(타인, 울산상사)부담 운임은 외상매출금에 가산하거나 외상매입금에서 차감한다.

9. ④ 동점(타인, 동대문상사)부담 운임은 외상매출금에 가산하거나 외상매입금에서 차감한다.

10. ② 매입을 위한 주문시 계약금은 선급금으로 회계처리한 후 매입시 구입대금에서 차감한다.

11. ③ 재고자산 이외의 자산 취득시 약속어음 발행은 실무적으로는 어음미지급금계정을 사용하고, 재무상태표에는 미지급금으로 표시한다.

12. ① 대여금 등 자산에서 발생하는 이자의 계정과목은 이자수익이다.

13. ① 환어음을 인수하면 기존에 있던 부채(외상매입금)는 소멸하고 어음상의 채무(지급어음)가 발생한다.

14. ② 재고자산 이외의 자산을 구입하고 대금을 지급하지 않았을 경우 사용하는 계정과목은 미지급금이다.

15. ① 현금 등이 지급되었지만 계정과목이나 금액을 확정할 수 없을 경우 사용하는 계정과목은 가지급금이다. 개산액이라는 표현은 금액이 확정되지 않았음을 의미한다.

16. ① 예금(자금)이 증가하는 상품주문대금은 선수금이다.

17. ④ 처분가 370,000 − 장부가 300,000 = 유형자산처분이익 70,000

18. ③

(차)	당좌예금	300,000	(대) 외상매출금	500,000
	당좌차월	200,000		

19. ③ 영업용 건물에 대한 재산세는 세금과공과로, 사장 자택에 대한 재산세는 인출금으로 처리한다.

20. ④ 유상감자로 자본잉여금인 감자차익 500,000원이 발생한다.

21. ② 장부가 100,000 − 처분가 95,000 = 단기매매증권처분손실 5,000

22. ④

(차)	인출금	100,000	(대) 현금	50,000

23. ④ 타인발행 약속어음은 받을어음, 당사 발행 약속어음은 지급어음

24. ② 대손시 회계처리한 차변계정과목의 금액을 대변에서 제거한다.

10.11	(차)	대손충당금	20,000	(대) 외상매출금	30,000
〈대손시〉		대손상각비	10,000		

25. ③ 받은 계약금은 선수금으로 회계처리한 후 매출시 판매대금에서 차감한다.

26. ③ 분개

출금전표: 5.20	(차)	매입	30,000	(대) 현금	30,000
대체전표: 5.20	(차)	매입	50,000	(대) 외상매입금	50,000

27. ③ 당점 소지 자기앞수표로 지급한 거래의 분개는 (차) 비품 900,000 (대) 현금 900,000이고, 전표는 출금전표, 계정과목란에는 차변계정과목인 비품이 된다.

28. ① 동점(타인) 발행 당좌수표는 현금이므로 입금전표에 기입한다. 현금의 수입 또는 지출이 없는 거래는 대체전표에 기입한다.

29. ④ 법정지출증빙에는 세금계산서, 계산서, 신용카드매출전표, 현금영수증(사업자지출증빙용) 등이 있으며, 비법정지출증빙에는 거래명세서, 입금표, 지출결의서 등이 있다. (간이)영수증은 지출금액이 3만원 이하인 경우에는 법정지출증빙이 되지만, 3만원을 초과하는 경우에는 비법정지출증빙에 해당하게 된다.

30. ④

| 주관식문제 |

	차변	금액	대변	금액
1.	(차) 잡손실	500	(대) 현금과부족	500
2.	(치) 비품	3,000	(대) 당좌예금	400
			당좌차월(단기차입금)	2,600
3.	(차) 당좌차월(단기차입금)	200	(대) 외상매출금	700
	당좌예금	500		
4.	(치) 단기매매증권평가손실	25,000	(대) 단기매매증권	25,000
5.	(차) 당좌예금	180,000	(대) 단기매매증권	140,000
			단기매매증권처분이익	40,000
6.	(차) 외상매입금	3,500	(대) 당좌예금	3,400
			매입	100
7.	(차) 매입	4,450	(대) 현금	4,450
8.	(차) 외상매출금	5,450	(대) 매출	5,200
			현금	250
9.	(차) 매입	7,000	(대) 외상매입금	6,650
			현금	350

번호	차변	금액	대변	금액
10.	(차) 당좌예금	7,700	(대) 외상매출금	8,000
	매출채권처분손실	300		
11.	(차) 건물	3,470	(대) (어음)미지급금	3,400
			현금	70
12.	(차) 외상매입금	700	(대) 지급어음	700
13.	(차) 받을어음	6,000	(대) 매출	9,000
	지급어음	3,000		
14.	(차) 대손충당금	20	(대) 대손충당금환입	20
15.	(차) 대손충당금	900	(대) 외상매출금	2,700
	대손상각비	1,800		
16.	(차) 현금	6,300	(대) 대손충당금	1,500
			대손상각비	4,800
17.	(차) 급여	7,200	(대) (소득세)예수금	700
			(국민연금)예수금	500
			현금	6,000
18.	(차) 매입	6,750	(대) 선급금	1,000
			외상매입금	5,300
			현금	450
19.	(차) 가수금	3,600	(대) 외상매출금	2,800
			선수금	800
20.	(차) 상품권선수금	1,000	(대) 매출	1,600
	현금	600		
21.	(차) 비품	1,300	(대) 매입	1,300

22.	(차) 건물감가상각누계액	750	(대) 건물	2,500
	현금	1,000		
	유형자산처분손실	750		
23.	(차) 인출금	3,000	(대) 당좌예금	3,000
24.	(차) 인출금	1,000	(대) 현금	1,700
	세금과공과	700		
25.	(차) 당좌예금	58,000	(대) 자본금	50,000
			주식발행초과금	8,000

Part 02 | 결산관리 능력단위

| 객관식문제 |

1. ③ 종업원에 대한 급여지급시 비용의 인식은 기중 회계처리 사항임.

2. ① 당기에 속하는 임차료는 80,000원이다. 40,000원은 차기에 속하는 임차료이다.
∴ 120,000원×(4/12)=40,000원

3. ④ 6개월분이 120,000원이므로 1개월분은 20,000원이며, 결산일 현재 4개월분이 선급분이므로 80,000원을 보험료에서 차감하고, 선급보험료로 계상한다.

4. ① 6개월분이 300,000원이므로 1개월분은 50,000원이며, 12월 31일(결산일) 현재 2개월분이 미지급분이므로 100,000원이 미지급임차료가 된다.

5. ④ 당기에 속하는 임대료는 60,000원이다. 180,000원은 차기에 속하는 임대료이다.
∴ 240,000원×(9/12)=180,000원

6. ③ 소모품 구입시 비용으로 처리한 경우는 결산시 미사용액을 계산하여 소모품계정 차변과 소모품비계정 대변에 기입한다.

7. ② 소모품 구입시 자산으로 처리한 경우는 결산시 사용액을 계산하여 소모품비계정 차변과 소모품계정 대변에 기입한다.

8. ③ • 매출채권잔액 800,000원×2%=대손추산액 16,000원
• 대손추산액 16,000원-대손충당금 장부잔액 32,000원=대손충당금환입액 16,000원

9. ④ • 매출채권잔액 3,000,000원×2%=대손추산액 60,000원
• 기초대손충당금잔액 40,000-대손처리액 30,000원=대손충당금 장부잔액 10,000원
• 대손추산액 60,000원-대손충당금 장부잔액 10,000원=대손충당금 추가설정액 50,000원

10. ② 현금과부족 차변잔액은 결산시까지 원인이 밝혀지지 않으면 잡손실로 처리한다.

11/30	(차) 현금과부족	7,000	(대)	현금	7,000
12/2	(차) 보험료	3,000	(대)	현금과부족	3,000
12/31	(차) 잡손실	4,000	(대)	현금과부족	4,000

11. ② 공정가(200주×12,000원)-장부가(200주×10,000원)=단기매매증권평가이익 400,000

12. ③ • 10,000,000원÷5년=1년의 감가상각비 2,000,000원
• 1년의 감가상각비 2,000,000원×(9/12)=결산일 감가상각비 1,500,000원

13. ③ 2년 동안의 감가상각비를 계산하면 다음과 같다.
• 20×6년말(1차년도): 1,000,000원×0.3=300,000원
• 20×7년말(2차년도): (1,000,000원-300,000원)×0.3=210,000원

14. ③ 퇴직금추계액 1,000,000원-(기초잔액 700,000원-퇴직금지급액 200,000원)=퇴직급여충당부채 추가설정액 500,000원

15. ③ (장부수량 100개-실제수량 90개)×취득단가 1,000원=재고자산감모손실 10,000원
재고자산감모손실은 원가성이 있으므로 매출원가에 직접 반영한다.

16. ③ (취득단가 1,000원-단위당 순실현가능액 700원)×실제수량 90개=재고자산평가손실 27000원
재고자산평가손실은 원가성이 유무와 관계없이 매출원가에 직접 반영한다.

17. ② 올바른 분개:

(차) 급여	1,000,000	(대) 현금	950,000
		소득세예수금	50,000

올바른 분개가 되도록 누락된 50,000원에 대해 분개하여 인식한다.

18. ② 올바른 분개:

(차) 비품	1,030,000	(대) 현금	1,030,000

올바른 분개가 되도록 운반비로 인식한 30,000원은 제거하고 비품 30,000원을 증가시킨다.

19. ④

수정분개	(차)	선급비용	50,000	(대)	임차료	50,000
	(차)	미수수익	100,000	(대)	임대료	100,000
	(차)	광고선전비	70,000	(대)	미지급비용	70,000
	(차)	이자수익	40,000	(대)	선수수익	40,000

수정전 당기순이익 200,000원에 임차료선급분(50,000원)과 임대료미수액(100,000원)은 가산하고, 광고선전비 미지급액(70,000원)과 대여금이자 선수분(40,000원)은 차감하여 계산한다.

20. ① 총계정원장: 거래를 기록하는 모든 계정이 포함되어 있는 장부이고, 분개기입 후 자산, 부채, 자본 및 수익, 비용에 대해 전기한 장부, 장부 중에서 가장 중요한 장부이다.

21. ① 결산정리 전에 분개장에 기록된 모든 거래의 분개가 원장에 올바르게 전기되었는가를 대차평균의 원리에 의해 검사하는 계정집계표를 수정전(잔액)시산표라 한다.

22. ③ (나): 1/10 잔액 300,000원+1/15 인수금액 120,000원=1/15 잔액 420,000원
(가): 1/15 잔액 420,000원 ÷(1/10 수량 150개+1/15 인수수량 50개)=2,100원

23. ③ • (100마리×@2,500원)+(40마리×@2,000원)=매출원가 330,000원
• 순매출액 1,400,000원−매출원가 330,000원=매출총이익 1,070,000원

24. ② 재무상태표 계정과목은 차기이월과 전기이월로 마감하고, 손익계산서 계정과목은 손익으로 마감한다. (가)와 (나)−손익, (다)−보험료 20,000원, (라)−이자수익 70,000원이다.

25. ① 기초자본금 300,000원
• 자산(당좌예금 200,000원+건물 400,000−부채(미지급금 300,000원)
=기초자본금 300,000원
• 기초자본금 300,000원+당기순이익 200,000원(400,000원−200,000원)
=기말자본금 500,000원

26. ④ 자본잉여금은 자본거래에서 발생하는 잉여금으로 주식발행초과금, 감자차익, 자기주식처분이익 등이 있다.

27. ③ • 기초상품재고 100,000원+당기상품매입 1,200,000원−기말상품재고 300,000원
=매출원가 1,000,000원
• 순매출액 3,000,000원−매출원가 1,000,000원=매출총이익 2,000,000원
• 매출총이익 2,000,000원−판매비와관리비(급료 150,000원+접대비 200,000원)
=영업이익 1,650,000원

28. ② • 현금 350,000원+외상매출금 400,000원+당좌예금 200,000원+받을어음 500,000원+상품 100,000원=유동자산 1,550,000원
- 특허권 300,000원+토지 500,000원+개발비100,000원=비유동자산 900,000원

29. ① 매출총손익 → 영업손익 → 법인세비용차감전순이익 → 당기순손익

30. ② 유형자산, 투자자산, 유가증권 등의 자산취득과 처분으로 인한 현금흐름은 투자활동 현금흐름이다.

| 주관식문제 |

[결산정리분개]

구분	차변		대변	
	계정과목	금액	계정과목	금액
(1)	매입	300	이월상품	300
	이월상품	500	매입	500
(2)	대손상각비	45	대손충당금	45
	매출채권 3,500×2%=대손추산액 70원, 70원-기설정충당금 25원=45원			
(3)	단기매매증권	70	단기매매증권평가이익	70
	공정가 670원-장부가 600원=70원			
(4)	선급임차료	120	임차료	120
	(1년분보험료 480÷12개월)×3개월=120			
(5)	감가상각비	80	기계장치감가상각누계액	80
	(기계장치 500원-동감가상각누계액 100)×20%=80원			
(6)	가수금	85	이자수익	85
(7)	현금및현금성자산	90	잡이익	90
(8)	소모품	70	소모품비	70
(9)	법인세비용	130	미지급법인세	130

<u>정 산 표</u>

계정과목	시산표		정리기입		손익계산서		재무상태표	
	차변	대변	차변	대변	차변	대변	차변	대변
현금및현금성자산	470		⑦90				560	
단기매매증권	600		③70				670	
매출채권	3,500						3,500	
대손충당금		25		②45				70
이월상품	300		①500	①300			500	
기계장치	500						500	
기계장치감가상각누계액		100		⑤80				180
매입채무		600						600
가수금		85	⑥85					0
퇴직급여충당부채		700						700
자본금		3,000						3,000
매출		3,600				3,600		
이자수익		260		⑥85		345		
매입	1,700		①300	①500	1,500			
급여	700				700			
임차료	480			④120	360			
소모품비	90			⑧70	20			
잡비	30				30			
	8,370	8,370						
대손상각비			②45		45			
단기매매증권평가이익				③70		70		
선급임차료			④120				120	
감가상각비			⑤80		80			
잡이익				⑦90		90		
소모품			⑧70				70	
법인세비용			⑨130		130			
미지급법인세				⑨130				130
당기순이익					1,240			1,240
			1,490	1,490	4,105	4,105	5,920	5,920

재무상태표

동성상사 20×6년 12월 31일 현재 (단위: 원)

과목	금액	과목	금액	
자산		**부채**		
유동자산		**유동부채**		
현금및현금성자산	560	매입채무	600	
단기매매증권	670	미지급법인세	130	
매출채권	3,500	**비유동부채**		
(대손충당금)	(70)	퇴직급여충당부채	700	전기분 생략
선급임차료	120	**부채총계**	1,430	
이월상품	500	**자본**		
소모품	70	자본금	3,000	
비유동자산		이익잉여금(당기순이익)	1,240	
기계장치	500	**자본총계**	4,240	
(기계장치감가상각누계액)	(180)			
자산총계	5,670	**부채와자본총계**	5,670	

포괄손익계산서

동성상사 20×6년 1월 1일 ~ 20×6년 12월 31일 (단위: 원)

과목	금액		전기분 생략
매출액		3,600	
매출원가		1,500	
매출총이익		2,100	
판매비와관리비		1,235	
급여	700		
임차료	360		
소모품비	20		
잡비	30		
대손상각비	45		
감가상각비	80		
영업이익		865	
영업외수익		505	
이자수익	345		
단기매매증권평가이익	70		
잡이익	90		
영업외비용		0	
–			
법인세비용차감전순이익		1,370	
법인세비용		130	
당기순이익		1,240	
기타포괄손익		0	
총포괄이익		1,240	

| 저자약력 |

차동준

국민대학교 회계학과 졸업
동국대학교 경영대학원 회계학과(경영학석사)
강원대학교 대학원 경영학과(회계학전공, 경영학박사)
한일은행, 신한은행, 신흥증권 근무
속초세무서 과세전적부 심사위원
남양주세무서 납세자 보호위원
강원도 7급공무원 임용시험 출제위원
동우대학교 세무회계과 조교수
현) 경복대학교 세무회계과 교수

[주요 저서]

핵심세무회계(경영과회계)
핵심원가회계(경영과회계)
핵심재무회계(경영과회계)
핵심기초회계(경영과회계)
핵심회계회계(경영과회계)
NCS 수행준거별 자금관리(도서출판 청람)

NCS 수행준거별 **전표관리와 결산관리**

2016년 2월 20일 1판 1쇄 인쇄
2016년 2월 25일 1판 1쇄 발행

저　자 | 차동준
발행인 | 이수영
발행처 | 도서출판 청람
서울시 마포구 독막로 288(대흥동, 세양상가 109호)
전　화 | 02)3272-2601~2
팩　스 | 02)3272-2603
이메일 | crbooks@hanmail.net
홈페이지 | http://www.crbooks.co.kr
등　록 | 2000.8.26 제6-0509호

ISBN 978-89-5972-507-6 93320 [정가 20,000원]